宇宙兄弟とＦＦＳ理論が
教えてくれる

あなたを伸ばす部下、つぶす部下

古野俊幸
Toshiyuki Furuno

日経BP

あなたを

伸ばす部下、つぶす部下

宇宙兄弟と FFS理論が教えてくれる

古野俊幸
Toshiyuki Furuno

日経BP

私は必死に
ついて来ようと
手を伸ばし続ける者には
こちらも手を
差し出します

『宇宙兄弟』20巻　＃188　「Rick」
NASA 宇宙飛行士　ビンセント・ボールド

はじめに（本書の考え方）

上司と部下との不幸なすれ違いをなくし
お互いに成長できる関係性を築く

「上司は部下をどう導けばいいのか」という議論が盛んです。しかし、人間関係は必ず双方向です。部下は上司に影響を受け、そして上司も、部下に影響を受けます。関係性が良ければ部下だけではなく上司も大きく成長しますし、悪ければ上司がつぶれることもあります。強い組織をつくるマネジメントは「上司と部下」の両方で考えることが必要です。

しかし、ただでさえ忙しい現場を支えるマネジャーにはこれはなかなかの難問です。

しかも、最前線の現場マネジャー（一般的には「課長職」）は、「プレイヤーとして優秀であった」ことから『マネジャーになった人たち』。つまり、人のマネジメントに長けた人ではないケースがほとんどです。

あるメーカーの開発部門の課長が、こんな話をしてくれました。

「私は昔から人付き合いが苦手でした。機械いじりが好きだし、あまり人と関わらなくて済むと思ってエンジニアになりました。しかし、気がついたら部下を持つ立場になってしまったのです。部下とどう接すれば良いのか、不安な毎日です」。

これまで、数万人の現場マネジャーと会う機会がありましたが、「現場の仕事だけでなく、人のマネジメントもできそうだな」と思えた人は、2割程度でした。残念ながら約8割は、頑張ろうとされているのでしょうが、未経験の人のマネジメントで悩んでいたり、手探り状態で悶々としているのが現状なのです。

部下側の人たちは「上司は選べない」ことを「上司ガチャ」と揶揄《やゆ》しているようです。でもマネジャー側にとっても「部下は選べない」ことがほとんどです。それなのに、風向きは上司側に厳しいのです。人をマネジメントするという「負荷」「責任」のほとんどは、現場マネジャーが担っている。そう言っても過言ではありません。だからこそ、少しでも救いたいと、今回の企画になりました。

人の行動原理を5つの因子で読む

この本でご紹介するＦＦＳ理論（開発者は小林惠智博士）は、ＴＯＰＰＡＮホールディングス、レゾナック、ポーラ・オルビスホールディングス、リクルートグループ、マネーフォワードなど、延べ約９００社で導入されている、人の個性を科学的に分析し、組織作りやチーム運営を支援するためのツールです。「その人にとって何がストレスになるか」

に注目し、ストレスの原因を5つの因子（「凝縮性（A）」「受容性（B）」「弁別性（C）」「拡散性（D）」「保全性（E）」）に分けて、その高低とバランスで診断します。

最も高い因子（第一因子）の特徴が強く出ますが、第二、第三因子の影響も重要になります。複数の因子が拮抗することもあります。とはいえ人の行動原理は、ほぼこの5つの因子の相関で説明できる、というのがＦＦＳ理論の考え方です。

5つの因子の高低とバランスが、その人の生活態度、仕事への姿勢、コミュニケーションの取り方、勉強の仕方などに影響を与えている、とご理解ください。「何をやっているとストレスをいいほうに受け止めてのびのび活躍できるか（ユーストレス状態）」「どんな環境にいるとストレスを悪いほうに受けて、不安を感じたり、興味を失ったりして、パフォーマンスが落ちるか（ディストレス状態）」は、人によって違い、その違いがその人の行動原理となり、思考・行動のパターンをつくります。

例えば、こつこつと一つのことを積み重ねるのが好きな人もいれば、気分次第で脈絡なく、いろいろやってみたい人もいます。

「正解がないほうが楽しめる」人もいれば、「正解を提示されたほうが安心」という人もいます。自然にやってしまう〝思考のクセ〟なのです。それは得手であり、強みや持ち味とも言えます。当然、得手を活かすほうが何事も上手くやりやすい。

しかし、私たちは社会の中で生きています。ということは否応なく、自分とは行動原理が異なる他人との関わりが生まれます。

問題は、我々人間は自分の行動原理を「世の中で最も一般的なものであり、他の人もほとんど同じはず」と考えてしまうことです。

実際には行動原理にはズレがあります。例えば、物事に取り組む際に「好きか嫌いか」を重視する人もいれば、「合理的かどうか」に重きを置く人もいるでしょう。重視するポイントが異なる人が一緒に同じ物事に取り組むと、そこにはどうしても誤解や「あいつのやることは分からない、おかしい」という不信感が生まれがちです。

行動原理の違いが「悪意」と受け取られる悲劇

行動原理が違う人が一緒に働く場合、立場が平等な同僚ならばまだ逃げ場もあるのですが、問題は上司と部下のような、上下関係がある場合です。

上司は、自分の行動原理にマッチした成功パターンをよかれと思って部下に教えようとしますし、自分だったらこう扱われたい、というやり方で部下に接します。同じタイプの人間同士ならば問題は起こりにくい（なので、新人のチューター役は同じ因子が高い人が向いています）のですが、行動原理がまったく食い違う組み合わせも存在します。

上司は、自分の教えをはねつける部下に困惑し、部下は、自分には理解できないやり方を押し付けてくる上司に反発します。パワハラ、逆パワハラが生まれかねませんし、最悪なのは、「理解できない」という気持ちが「相手が自分に悪意を抱いているから、こんなことをするのでは」という恐れ、不安に転化してしまうことです。

職場での人間関係の悩みやトラブルが絶えないのは、ここに大きな原因があると私は考えています。行動原理の食い違いが「悪意ゆえの反発・押し付け」と誤解されるのです。ちなみに、ちょっと古いのですが、厚生労働省の「労働者健康状況調査報告」（２０１２年）では、41・３％の人が「職場の人間関係」をストレスの原因に挙げていました。

そこで、もしムッとすることがあったら「この人は、おそらくこういう行動原理で動いている。だから自分のやりたいことと食い違いが起きるのだ」と理解し、「この人の行動原理からすれば、こういう言い方をすれば理解の糸口になりそうだ」と考える。ここから対話への一歩が始まり、誤解が解け、組織が正常に機能します。自分の行動原理を理解し、相手の行動原理を見抜き、その上でアプローチするわけです。

うまくいけば、お互いの苦手なところを相互に補い合う理想的な補完関係もつくれます。

上司と部下で考えると、組織のために先に変化を起こすのはやはり上司の側の役割というものでしょう。この本では、上司であるあなたがまず自分の個性を診断し、その個性が部下からどう見られがちか、それぞれの行動原理を持つ部下とどう付き合い、お互いの特徴を伸ばしていけばいいのかを具体的に紹介しています。

日頃の振る舞いから個性を分析するチェックシートを用意

「そうは言っても、彼／彼女がどんな個性なのか分からない」ですよね。そこで46ページに、「外部観察」による診断が可能になるチェックシートを用意しました。簡易なものですが、十分、手がかりになると思います。

そしてもし可能ならば、部下の方にもＦＦＳ理論の診断を受けてもらって、ざっくばらんに腹を割って話すことをお勧めします。自分と部下は「似ているのか・いないのか」「弱点を補完しやすいのか・しにくいのか」を把握し、相手の個性に合った育成法や動機付けの方法を学んでいただくことで、ミスコミュニケーションを減らし、部下の、そして自分の持ち味を引き出すことができるはずです。それは自分の成長にもつながります。

もちろん、あなたが部下の側でも、自分から行動を起こすことは可能ですし、この本をそのように使って頂けたらとても嬉しく思います。

十人十色、と、私たちは昔から知識としては知っていて、自らを戒めてきました。しかし同時に我々は、根拠もなく「自分の色は一般的」と思ってしまう生き物でもあります。自他共に認める数々の一流企業が、FFS理論を自己理解、コミュニケーション改善、人材育成、チーム編成に活用しているのは、それほど「自分の色は一般的」という思い込みが強固かつ広く社会に根を張っている、ということでしょう。そこから脱出し、あなたとあなたの周囲を、笑顔があふれ、後輩が育ち、成果を挙げる組織にしていく一助となれば、これに勝る喜びはありません。

異質な出会いが力を生み、たいまつを引き継ぐ

小山宙哉さんの『宇宙兄弟』とのコラボレーションもこの本で3冊目となりました。5つの因子の特徴を理解しやすくお伝えするために、小山さんの鋭い人間観察と演出力に基づくこのコミックはまたとないものです。例えば中盤、物語を支えるキャラクター3人（宇宙飛行士のビンセント、技術者のピコ、そして主人公ムッタ）が、拳《こぶし》を打ち合わせるシーンがあります。ここでムッタは、事故で早世したビンセントとピコのかけがえのない親友、リックの位置に立ちました。そして拳の痛みを通し、彼らが培ってきた情熱と、渡

された責任を実感します。

ビンセントもピコも付き合いやすい上司ではなく、ムッタはできのいい部下ではありませんでしたので、叱責《しっせき》も低評価もくらいました。それでも時間を掛けて彼らは、相互に補完し合い、ムッタだけでなくビンセント、ピコも大きく成長して、宇宙への熱意といういまつを支え、引き継ぐ、信頼し合える仲間になったのです。

異質な人同士による補完と成長。これこそがＦＦＳ理論の最大のテーマだと思います。『宇宙兄弟』の物語には、こうした人間同士の素晴らしい関係性があふれています。ぜひ皆さんも楽しんでください。

なお、本書を購入していただいた方への特典として、ＦＦＳ理論による個性診断（宇宙兄弟バージョン）ができる特設サイトを設けています。18ページの解説に従ってお試しください（企業向けに提供している正規版とは異なりますことをご了承ください。ご勤務先などですでに診断を済まされている方は、ご自身の結果を見ながら本書を読んでいただければ、より理解が進むと思います）。また、今回の本は上司と部下との関係性について紙幅を割いています。個々のタイプについてより深く理解されたい場合は、本書と重複する箇所もありますが、『宇宙兄弟とＦＦＳ理論が教えてくれる　あなたの知らないあなたの強み』『同　あなたを引き出す自己分析』をご覧ください。

1…

20巻　#192「ビリビリ奇跡」

あなたを伸ばす部下、つぶす部下

目次

表紙イラスト：『宇宙兄弟』35巻表紙より

本書は小山宙哉氏の『宇宙兄弟』から
許可を得てマンガ、イラストを引用しています。
文中の表記は原作に合わせています。

これから
君は
月を
目指します

15巻　#148「NEEMO」

Five Factors & Stress

FFS理論とは…

FFS理論の概念

FFS理論（開発者：小林惠智《けいち》博士）は、ストレス理論をベースに研究されたものです。人によってストレッサー（ストレスになる刺激）は違います。例えば、同じ広さの部屋にいても、「広々として心地良い」と感じる人もいれば、「広すぎて不安」とストレスに感じる人もいます。つまり、環境や刺激に対する感じ方や捉え方は人それぞれ違います。その感じ方や捉え方の特性を5つの因子として計量化したものが、FFS理論です。

【ご注意】本文を読む前に診断を受けてください

FFS理論の診断では、様々な状況下で自分が示す反応・行動についての質問が用意されています。当然ながら質問内容はこの本の内容と深くリンクしています。ですので、本書を先に読んでしまうと正確な診断ができなくなる恐れがあります。まず、ご自身の診断をこの本、もしくは読者特典の公式webページで行って、第一因子以下を把握してから、本文をお読みください。

FFS診断を受けてみよう（読者特典）

STEP 1

巻末の袋綴じに記載されたURLもしくはQRコードで、「FFS診断（宇宙兄弟バージョン）」公式webページにアクセスしてください。

STEP 2

公式webページで会員登録に進んでください。その際、袋綴じの中に記載されたアクセスコードが必要となります。

STEP 3

診断画面が表示されます。質問は80問あります。回答は落ち着いた静かな環境で行ってください。考え込まず直感でお答えください。診断は1回のみ可能です。

注意：すでに会社などでFFS診断を受けている方は、ここでの診断はできません。お持ちの診断結果の数値を入力していただくと、『宇宙兄弟』の25人の登場人物のうちであなたに似たキャラクターが分かります。なお、手軽に診断したい方向けに、webでも簡易診断を用意しています。簡易版のため精度が落ちることをご了承ください。

診断結果の見方

FFS理論は因子の順番が重要になります。その理由は「第一因子が一番影響する」からです。本書は5つの因子の特徴を詳しく紹介していますので、ご自身の「第一因子」の内容を参考にしてください。次に続く第二因子や第三因子も影響度は低くなりますが、関係します。本編は他の因子の部分もぜひ通読してください。また、相反しやすい「保全性と拡散性」「受容性と凝縮性」が第一、第二因子の場合は、第二はあくまで「参考」程度にしておいてください。

読者特典のweb診断を活用

本書の診断は簡易版です。ぜひ巻末の読者特典のweb診断も行ってください。「あなたの強み」に影響をする因子（数値の高い順に2 ～ 3因子）と、そこから分かる個性のサマリー、『宇宙兄弟』に登場する25人のキャラクターの中からあなたに似ている人物と、その特徴をお知らせします。

A	B	C	D	E
凝縮性因子	受容性因子	弁別性因子	拡散性因子	保全性因子

A Factor

凝縮性因子

固定・強化させようとする力の源泉となる因子

凝縮性は、文字どおり自らの考えを固めようとする力。こだわりが強く、自分の中で明確な価値規範を持っています。他人に流されずブレない一方で、自分の価値観に合わないものはなかなか受け容れない頑固な一面もあります。日本人にはかなり少ないタイプです。

判断軸	自分の価値観上、正しいか、正しくないかで物事を判断します
ポジティブ反応時の特徴	正義感や使命感、責任感が強く、道徳的で規範的な印象を与えます
ネガティブ反応時の特徴	独善的、支配的、否定的、排他的になり、周りを力でねじ伏せようとします
ストレスの要因	自分の考え方や価値観を頭ごなしに否定されるとストレスを感じます
キーワード	正義、権威性、責任感、義務感、批判的、偏執固執

B Factor

受容性 因子

外部を受け容れようとする力の源泉となる因子

なるほど!
わかる、わかる

受容性は、無条件に受け容れる力です。優しくて面倒見が良く、柔軟性があるのが特徴です。無理難題も聞いてくれるので、経験知が高いと頼もしい存在ですが、経験知が少ない場合、周りの要望を全部受け容れてしまい、キャパオーバーになることもあります。

判断軸	相手の意向、気持ちを慮って判断します
ポジティブ反応時の特徴	面倒見が良く、寛容です。周りを肯定し、周りに共感することができます
ネガティブ反応時の特徴	お節介で過保護になります。自虐的、逃避的になることもあります
ストレスの要因	反応がなかったり、存在をないがしろにされたりするとストレスを感じます
キーワード	貢献、保護的、共感、愛情、過保護

C Factor

弁別性 因子

相反する二律にはっきりと分けようとする力の源泉となる因子

それって、
こういうこと?

弁別性は、白黒はっきりさせる力です。合理的で計算的であることも特徴です。ドライで、常にどうすれば合理的なのかを考えて行動します。物事を都合よく割り切ることができる一方で、感情があまり介入しないため機械的で冷たく見られることもあります。

判断軸	前提条件から見て適正か、不適正かで判断します
ポジティブ反応時の特徴	理性的、現実的で、無駄なことをせず合理的に判断することができます
ネガティブ反応時の特徴	機械的で自己都合的になり、手っ取り早く処理するために詭弁的になります
ストレスの要因	合理的な判断が通らない、あいまいな状況にストレスを感じます
キーワード	合理的、事実、定量的、都合いい、現実的

D Factor

拡散性 因子

飛び散っていこうとする力
の源泉となる因子

まぁいいや、
とりあえずやろう

拡散性は、飛び出していこうとする力です。外から見ると脈絡がない動きになります。直情的で、面白いことなら周囲を気にせずどんどん取り組むので、「挑戦的だ」と評価される一方、飽きっぽいため周りを振り回すタイプでもあります。

判断軸	好きか、嫌いかで物事を判断します
ポジティブ反応時の特徴	自在に動き、ゼロから物事をつくり上げることができます
ネガティブ反応時の特徴	反抗的になったり、破壊的・攻撃的になったりします
ストレスの要因	物理的・精神的に束縛されるなど、自由に動けないときにストレスを感じます
キーワード	奔放性、外向性、解放性、大胆、野心、分裂

E Factor

保全性 因子

維持するために工夫改善していく力
の源泉となる因子

安全かどうか、
まず確認しよう

保全性は、維持しながら積み上げる力です。プランを立て、工夫しながらコツコツと進めていくのが得意です。組織を作るのがうまく、周りと協調しながら動くことができます。慎重で安全第一なため、なかなか行動することができないときもあります。

判断軸	好きか、嫌いかで物事を判断します
ポジティブ反応時の特徴	計画的に動き仕組み化に取り組み、協調的に働きます
ネガティブ反応時の特徴	消極的、妥協的になるか、すべてを抱え込もうとします
ストレスの要因	明確な指針がない、急な変更、など先が見えない事態にストレスを感じます
キーワード	計画的、体系化、内向性、慎重、敏感、几帳面、順応

『宇宙兄弟』には、たくさんの人物が登場します。その中から主要な25人をピックアップして、FFS因子の組み合わせによって4タイプに分類しました。誰と誰の個性が似ているのか、あるいは似ていないのかが一目瞭然です。プロフィールの詳細は26ページをどうぞ。

25キャラの個性はこんなにも多様！

この表は、対照的な特徴を持つ「凝縮性」と「受容性」、「拡散性」と「保全性」をそれぞれ相対比較したものです。例えば、表の右上に位置する南波日々人は、「拡散性」と「受容性」が共に高く、「凝縮性」と「受容性」の差が大きく（右側に振れる）、「拡散性」と「保全性」の差が大きい（上側に振れる）ことが分かります。なお同じ因子が高いキャラは相対的に判断して位置を決めているため、必ずしも以下のページの因子の数値と一致していません。ご了承ください。

キャラクターマトリックス

Character matrix

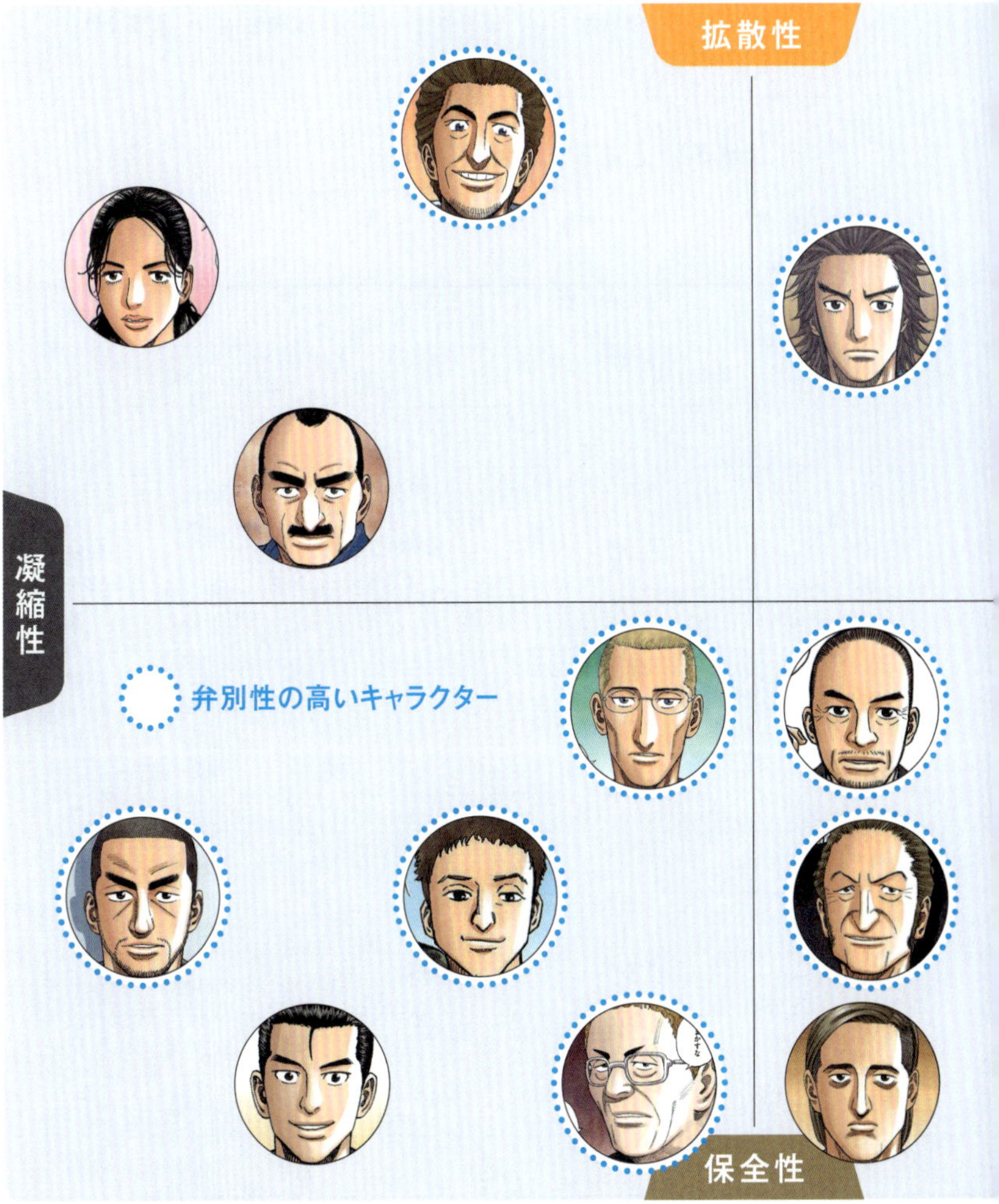

まずは簡易診断をしてみましょう。より詳しい診断を行うには、袋綴じに記載の URL および QR コードから公式 web サイトにアクセスしてください。

合計				
A 凝縮性	B 受容性	C 弁別性	D 拡散性	E 保全性

点数が多い上位3つの因子は……

	4点	3点	1点	0点	
	はい	どちらかといえば はい	どちらかといえば いいえ	いいえ	A
	はい	どちらかといえば はい	どちらかといえば いいえ	いいえ	B
	はい	どちらかといえば はい	どちらかといえば いいえ	いいえ	C
	はい	どちらかといえば はい	どちらかといえば いいえ	いいえ	D
	はい	どちらかといえば はい	どちらかといえば いいえ	いいえ	E
	はい	どちらかといえば はい	どちらかといえば いいえ	いいえ	A
	はい	どちらかといえば はい	どちらかといえば いいえ	いいえ	B
	はい	どちらかといえば はい	どちらかといえば いいえ	いいえ	C
	はい	どちらかといえば はい	どちらかといえば いいえ	いいえ	D
	はい	どちらかといえば はい	どちらかといえば いいえ	いいえ	E
	はい	どちらかといえば はい	どちらかといえば いいえ	いいえ	A
	はい	どちらかといえば はい	どちらかといえば いいえ	いいえ	B
	はい	どちらかといえば はい	どちらかといえば いいえ	いいえ	C
	はい	どちらかといえば はい	どちらかといえば いいえ	いいえ	D
	はい	どちらかといえば はい	どちらかといえば いいえ	いいえ	E

FFS理論・自己診断

Self Test on Five Factors & Stress

下の15問の質問に直感で答えてください。少し考える場合は、「どちらかといえば」の回答を選んでください。次に、「因子」ごとに合計点を出し、合計点の高い順に3つの因子を並べます。合計点が同点の場合は、E>D>C>A>Bの並び順になります。この3つが、あなたの個性に影響を与えている第一因子、第二因子、第三因子です。ご自身の因子を意識しながら本を読むと、自己理解が深まります。

1	「持論を支持してくれない」友達がいたら、ケンカになってでも説得しようとする
2	元気がない友達がいたら、なんとか元気にしてあげようとする
3	二度説明するなど、無駄なことはしない
4	「閃いた」と思ったら後先考えずに、まず動く
5	計画的に準備して進めようとする
6	「こうあるべきだ」とよく言っている
7	自分と違う考えを聞いた時に「なるほど、一理あるな」と思う
8	「データがない状態」では、判断できないと思う
9	飲み会に誘われても、気分が乗らないと行かない
10	仲間と一緒にいると安心できる
11	時間やルールを守らない人を許せない
12	状況や環境が変われば、決まり事など柔軟に変えても良いと思う
13	あいまいなことは、白黒はっきりとさせたい
14	「あんまり考えてないよね」と周囲から言われることがある
15	「丁寧できっちりしているね」と言われることがある

JAXA宇宙飛行士

南《なん》波《ば》日《ひ》々《び》人《と》

拡散性が高い

D・B（拡散・受容）

夢にまっしぐら、無敵の自由人

もし
諦め切れるんなら、
そんなもん
夢じゃねえ

2巻#13「拝啓日々人」

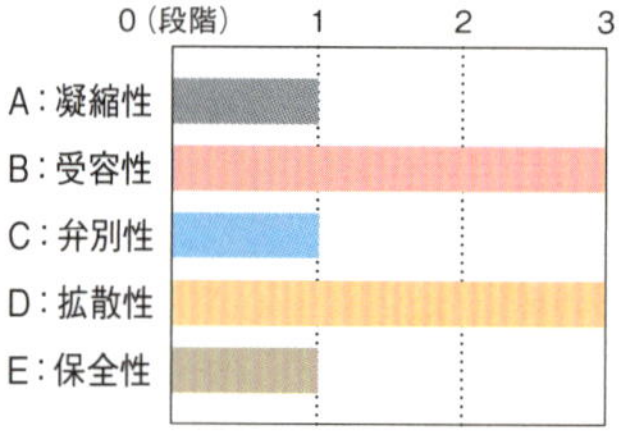

特徴

- 興味があることなら、後先考えずにすぐに動く
- 機動力はあるが、落ち着きがない
- 柔軟でお人よしな面もある

アドバイス

「興味があること」なら驚くほどの行動力を発揮するので、「人が困っている課題で誰もやらないこと」を新規事業にするポテンシャルはあります。ただし、ビジネスより自分の好みを優先しすぎないことも必要。いろいろな体験を経て、センスを磨いておきましょう。

JAXA宇宙飛行士

南《なん》波《ば》六《むっ》太《た》

―保全性が高い

B・E・C（受容・保全・弁別）

異色の主人公は一見弱気でネクラ？

カネコ・シャロン博士からの期待と信頼。それなら多分、**誰よりも負けてません。**

21巻＃198「1億ドル」

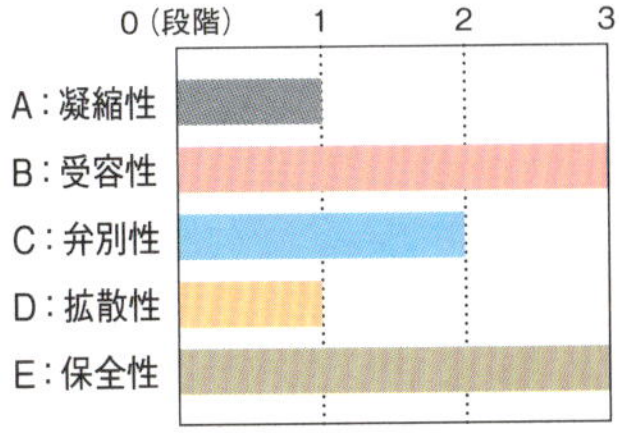

0（段階）
1
2
3
A：凝縮性
B：受容性
C：弁別性
D：拡散性
E：保全性

特徴

- **丁寧に積み上げるので、時間はかかるが、確実に進められる**
- **皆のために面倒を見ようとする**

アドバイス

情報を集めて、計画的に慎重に進めようとします。体系的な積み上げで様々なことができるようになります。ただし、情報収集力や計画力を鍛えていないと最初の一歩を踏み出せないので、経験知を高めておきましょう。（※南波六太は「受容性」も高いのですが、ここでは「保全性」の高さに焦点を絞っています）

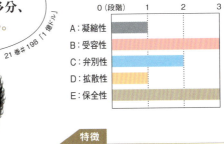

JAXA有人宇宙技術部副部長

星《ほし》加《か》 正《ただし》

受容性が高い

B・C（受容・弁別）

主人公に夢を託す心熱きサポーター

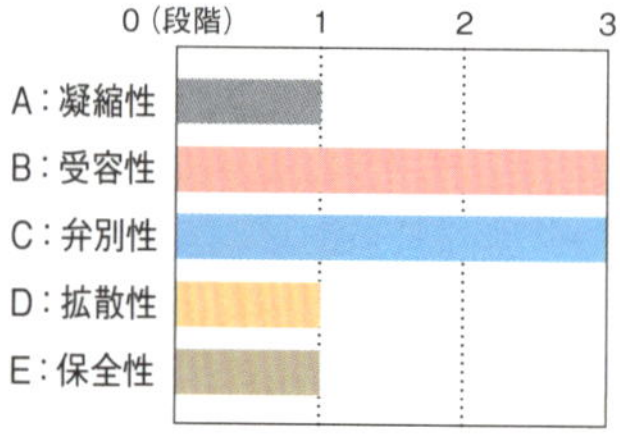

特徴

- 柔軟で面倒見が良く、合理的に判断することで、課題を克服していける
- 一見ドライに見えたとしても、根は優しい

アドバイス

面倒見の良さはピカー。面倒を見た相手の成長は、自分のことよりも「嬉しいこと」です。多くの人の成長に関わり、その輪を広げましょう。ただし、「役立っている」ことで、自分の存在を無意識にアピールしてしまう傾向もあります。そして、面倒を見すぎると「自立を損なう」こともありますので、適度な距離を置き、冷静に見守ってあげるスタンスを取ることも大切です。

JAXA宇宙飛行士

吾《あ》妻《ずま》滝《たき》生《お》

凝縮性が高い

A・C・E（凝縮・弁別・保全）

宇宙を愛し、信念に生きる男

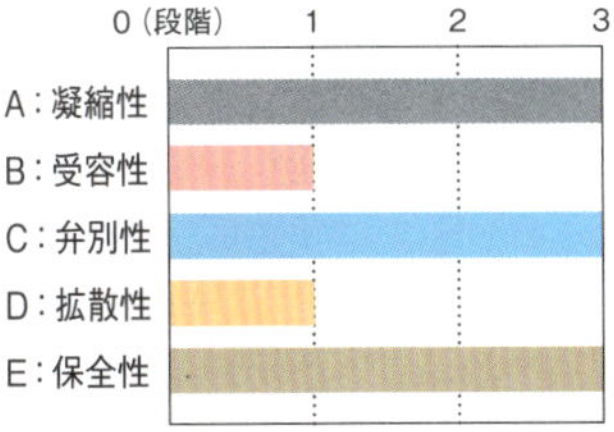

特徴

- **こだわりが強く、「こうあるべき」と思うことを徹底的に追求しようとするタイプ**
- **あまりにブレない姿勢が誤解され、悪く受け取られることもある**

アドバイス

「使命を感じられる仕事」には、俄然、力を発揮します。逆だとそうならないので、常に仕事の「意義付け」を行いましょう。自分の正義だけを振りかざすと、「押し付けがましく」なります。なぜ、そこまでこだわるのか、その背景を含めて伝えることが大切です。「頑固すぎて話にならない」と誤解されないためにも、説明はしましょう。

NASA宇宙飛行士

ビンセント・ボールド

弁別性が高い

C・A（弁別・凝縮）

ムダが大嫌いな完璧合理主義者

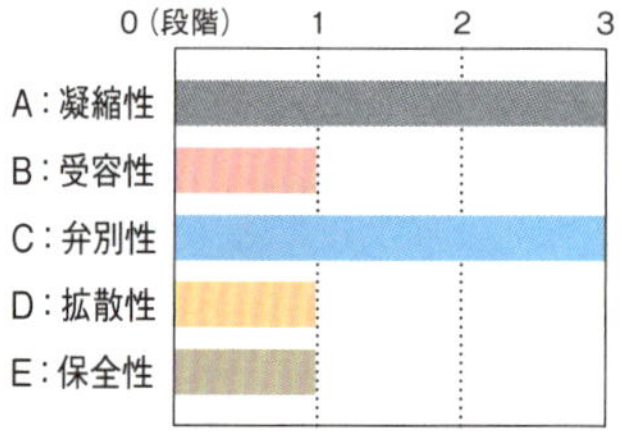

あれは宝物ではありません。宝物を思い出すための、ただの道具です
19巻#179「俺らの将来」

特徴

- 極めて合理的で、ムダなことが苦手
- こだわりも強く、自分が良しと判断した相手としか付き合おうとしない
- 完璧主義的な振る舞い

アドバイス

スパッと切り捨てるシャープさがあり、周囲からは冷たい人に見えることもあります。またデータ重視で効率を求めすぎると、「世間話もできない相手」と思われがちです。世の中の理不尽さを踏まえて、皆のために「黒」を「白」にすべく、その合理性を活かしましょう。

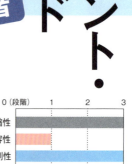

家族を大事にする真面目な好青年

真《ま》壁《かべ》 ケンジ

JAXA 宇宙飛行士

> 宇宙飛行士をやめない限り
> 宇宙へはきっと行ける
>
> 17 巻# 167「最後の言葉」

A・E（凝縮・保全）

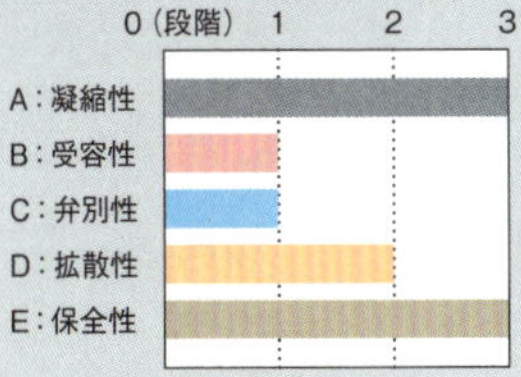

- 慎重かつこだわりも強く、「あるべき論」で事を進めやすい
- 精緻化しながら進めるので、動きが遅いと見られることもある

豪快だけど冷静なカリスマ的リーダー

ブライアン・J

NASA宇宙飛行士

> 人の人生にはいくつもの
> “夢のドア”がある
>
> 23 巻# 222「夢のドア」

A・B・C・D（凝縮・受容・弁別・拡散）

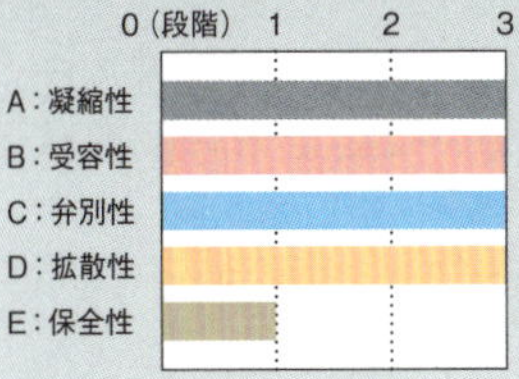

- 価値観が明確で、合理的判断をしつつ、推進していく力がある
- 強いリーダーシップを発揮できる

男よりも〝男らしい〟最強シングルマザー

ベティ・レイン

NASA宇宙飛行士、ジョーカーズのメンバー

悪いけど、面倒なのよね。待ってるの

18巻#172「CES-62 バックアップクルー」

A・D（凝縮・拡散）

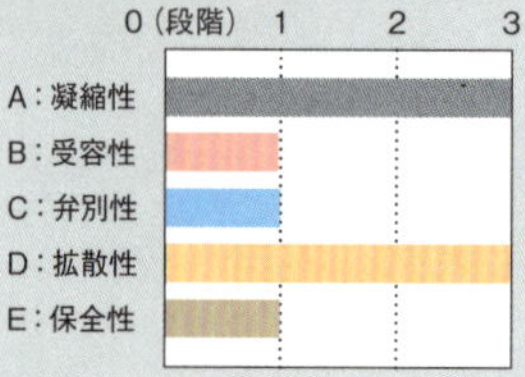

- 自分の価値観にこだわり、周囲を蹴散らしながら邁進していくタイプ
- 敵を作りやすく、「孤高の人」になることもある

ヒビトを救ったロシアの英雄

イヴァン・トルストイ

ロシア宇宙飛行士

酒を飲み交わすのは
互いの度数を
合わせることだ

15巻#142「曇りのち酒」

A・B・C（凝縮・受容・弁別）

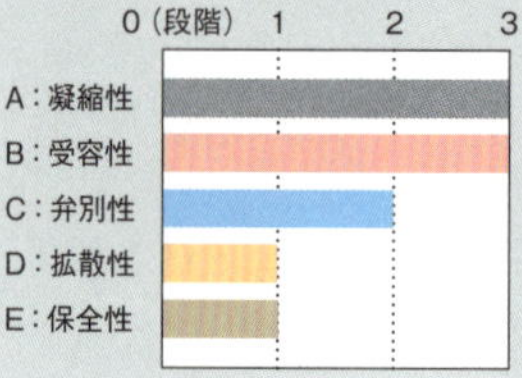

- ブレない軸を持ち、面倒見も良く、合理的に組織や仲間を導くことが得意
- 頼れるリーダータイプ

“猛獣たち”を導く温和なリーダー

エディ・J《ジェイ》

NASA 宇宙飛行士、ジョーカーズのリーダー

俺たちを救うのは
弟の轍《わだち》だな
29巻#274「リッテンディンガー峡谷」

B・C・E（受容・弁別・保全）

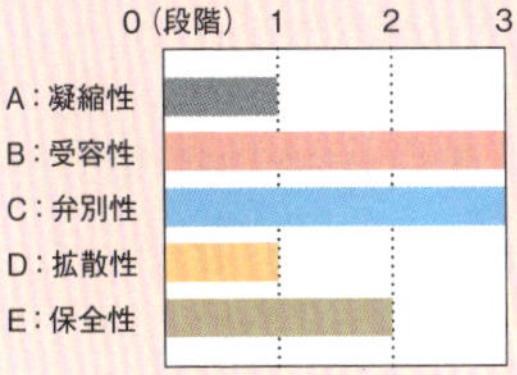

- 柔軟で面倒見が良く、合理的に判断していくことができる
- 慎重で体系的に考えられる
- 経験知があれば、頼りがいのある人

仲間思いのしっかり者

北《きた》村《むら》絵《え》名《な》

JAXA 宇宙飛行士

一緒に実験して、
一緒に帰ろ
27巻#258「使命」

B・E・D（受容・保全・拡散）

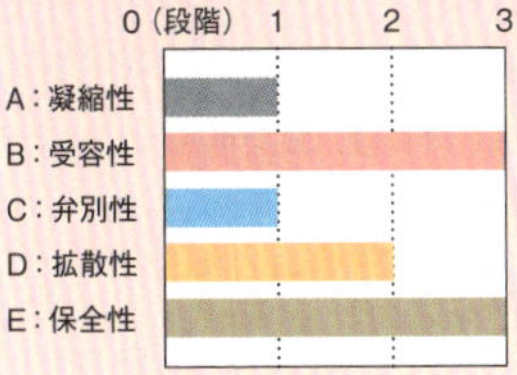

- 柔軟で面倒見が良い
- 慎重なところと大胆なところが共存していて、動きたいけど動けないこともある
- 和気藹々《あいあい》と盛り上がることが大好き

口は悪いが正直者

古《ふる》谷《や》やすし

スイングバイ所属 民間宇宙飛行士
（2025年宇宙飛行士選抜試験受験者）

B・D（受容・拡散）

> 年の差とか関係なく、
> 一生もんの友達です
>
> 23巻#215「友達。フォーエバー」

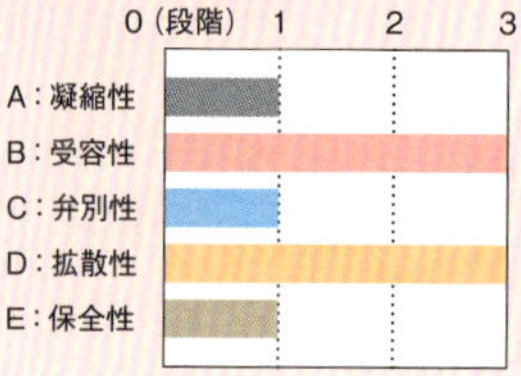

- 人懐っこく、周囲から笑いを取りつつ、面白いことに挑戦していくタイプ
- ノリの良さ、軽さがある

優しく見守る“母”のような存在

金《かね》子《こ》シャロン

天文学者

B（受容）

> ムッタが夢を叶えられたのは
> あなたがあなただったからよ
>
> 25巻#233「南波工房」

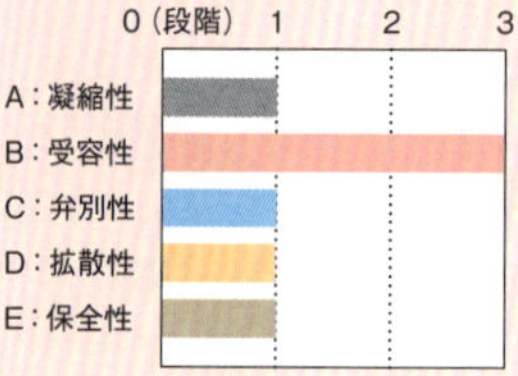

- 柔軟で面倒見が良く、世話好き
- 相手の気持ちを察することができ、人を育むことが得意

見た目は冴えないが、腕は超一流

ピコ・ノートン

デンバー社技術職員

真実は見つけだそうとするな。作り出せ
21巻# 202「突破口」

B・C（受容・弁別）

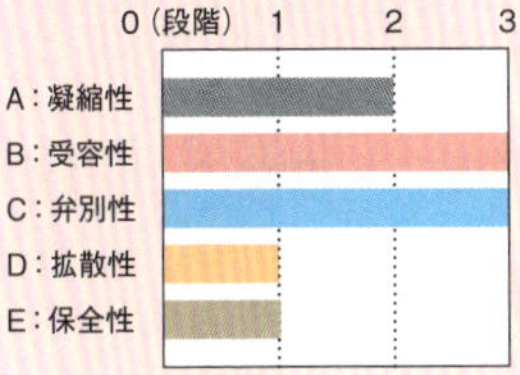

- 優柔不断なところはあるが、合理的に処理することもできる
- ややこだわりがあるので、気に入ると応援する

合理的に勝ちにいくクールな戦略家

新《にっ》田《た》零《れい》次《じ》

JAXA宇宙飛行士

動いて輝く石は流れ星……「生きた石コロ」です
11巻# 100「生きた石コロ」

C・D（弁別・拡散）

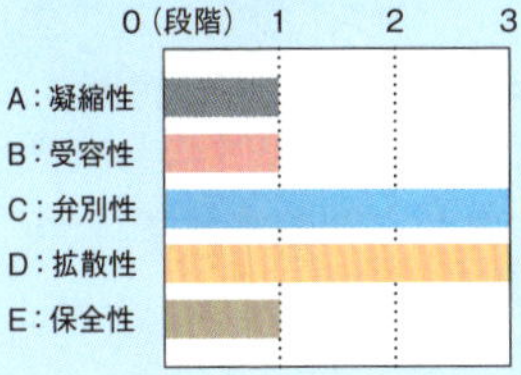

- 戦略的な発想力があり、ココだと狙いを定めると、一気に突き進む機動力がある
- 普段はドライ

リスクを嫌う〝壁になる〟上司

ウォルター・ゲイツ

NASAプログラムマネージャー

わざわざ毒入りを選ぶ
理由がどこにある
19巻#183「毒」

C・E（弁別・保全）

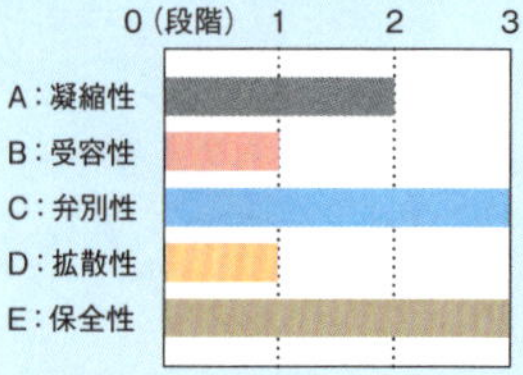

- 極めて合理的で、無駄なことが苦手
- 慎重さもあり、徹底的な合理主義者
- リスク回避に長けている

ドライだが面倒見のいい上司

ジェーソン・バトラー

NASA宇宙飛行士室長

だがヒビト。嘘を
つき通すのはしんどいぞ
14巻#133「ヒビトの障害」

C・B（弁別・受容）

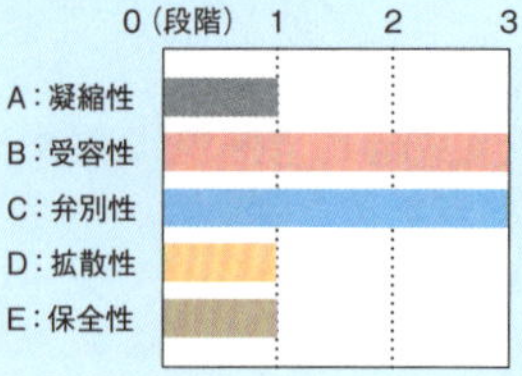

- 合理的に白黒はっきりと判断することが多い
- 「いいヤツ」と判断すれば、面倒見の良さを発揮する

イタズラ好きのムードメーカー

紫《むらさき》 三《さん》世《せい》

JAXA宇宙飛行士

> 宇宙飛行士ってのはアレだ。
> 舞台役者に似てんだよな
>
> 10巻#91「舞台役者」

D・E・B（拡散・保全・受容）

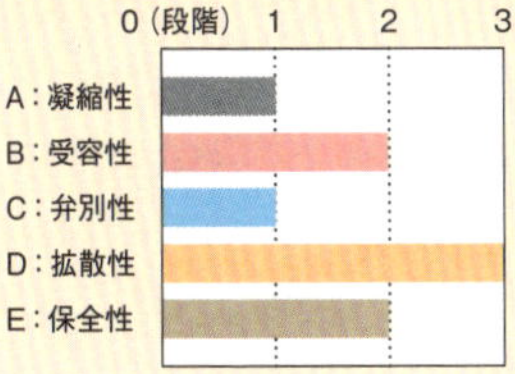

- 面白いことが大好きで、人を巻き込むことが得意
- 人付き合いも得意で、相手の心の機微がわかる
- 気に入った相手にはめちゃくちゃ優しい

いざというとき頼りになるキザ男

カルロ・グレコ

NASA宇宙飛行士、ジョーカーズのメンバー

> 俺は生まれ変わっても
> また俺になりたいね
>
> 18巻#173「孤独な彼ら」

D・C・B（拡散・弁別・受容）

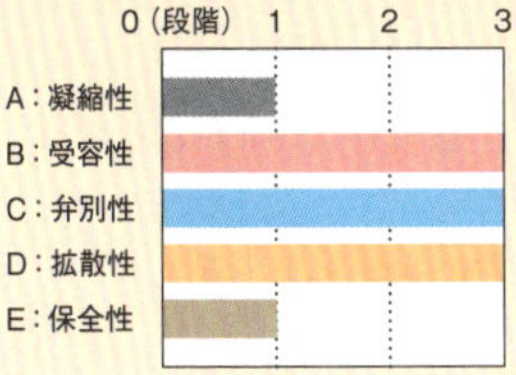

- 興味があることに積極的で、合理的で無駄なく、しかも柔軟に取り組むことができる
- 周囲を巻き込むことも得意
- 起業家の素質あり

口癖は「ヤアマン」、陽気なお調子者

フィリップ・ルイス

NASA宇宙飛行士、ジョーカーズのメンバー

俺、もう…
地球人でいいや

31巻#295「We are lonely…」

D（拡散）

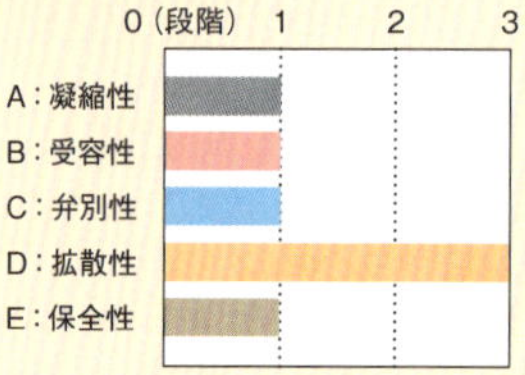

- 興味があることに積極的に動く
- 細かい話は苦手で、かなりざっくり
- 周囲に無頓着でマイペース

怪しさ満点!唯一無二の存在感

デニール・ヤング

元NASA職員、主任教官パイロット

〝心のノート〟に
メモっとけ

13巻#123「二つのノート」

D・B（拡散・受容）

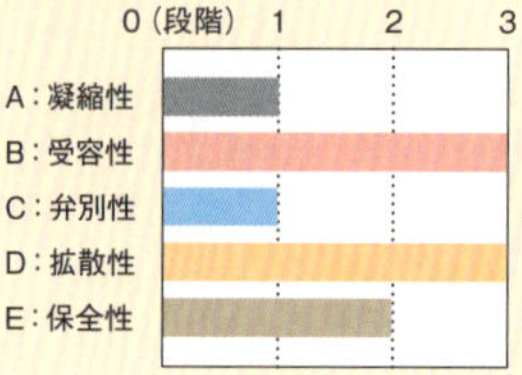

- 面白いことに積極的に動く
- 細かい話は苦手で、かなりざっくり
- 人当たりも良く世話好き

ちょっと天然なマドンナ

伊《い》東《とう》せりか

JAXA宇宙飛行士

チャンスは今ここにあります
27巻#258「使命」

E・D・B（保全・拡散・受容）

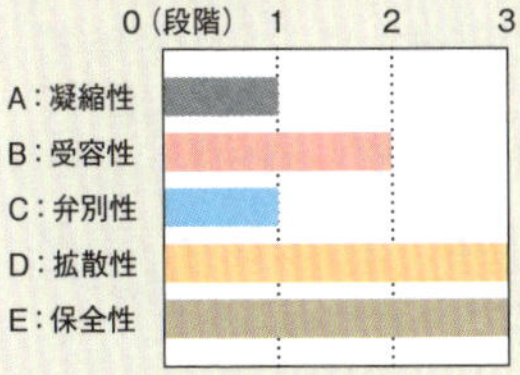

- 好き嫌いが判断軸になり、好きなことを積み上げながら活発に進めようとする
- 子どもっぽく、優しいけれど、優柔不断になりやすい

劣等感を乗り越え、今は頼れる力持ち

アンディ・タイラー

NASA宇宙飛行士、ジョーカーズのメンバー

考えるのをやめたさ
16巻#155「アンディ」

E・B（保全・受容）

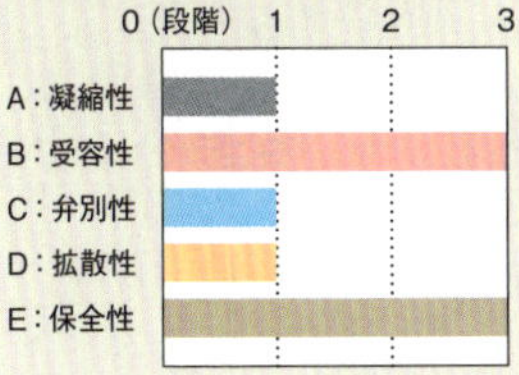

- 体系的に積み上げてきた経験知を活かしながら、柔軟に優しく対応していける
- 頼られると力を発揮する

宇宙へ３度目の挑戦、あきらめない男

福《ふく》田《だ》直《なお》人《と》

スイングバイ技術社員
（2025 年宇宙飛行士選抜試験受験者）

どうやら私の夢も
まだまだ続いていくらしい
5 巻# 43「夢の途中」

E・B・C（保全・受容・弁別）

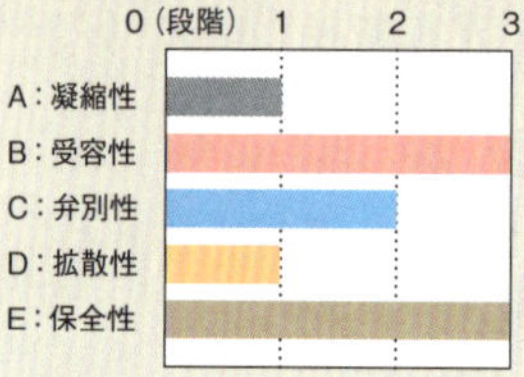

- きちんと積み上げてきた経験知を活かしながら、柔軟で優しく対応していける
- 合理的に考えることもできる
- 頼られると力を発揮する

挫折を知らないエリート

溝《みぞ》口《ぐち》大《やま》和《と》

2025年宇宙飛行士選抜試験受験者

ためしに、「2人選出」から
辞退してくださいよ
4巻#35「ねじれ者」

E・C・A（保全・弁別・凝縮）

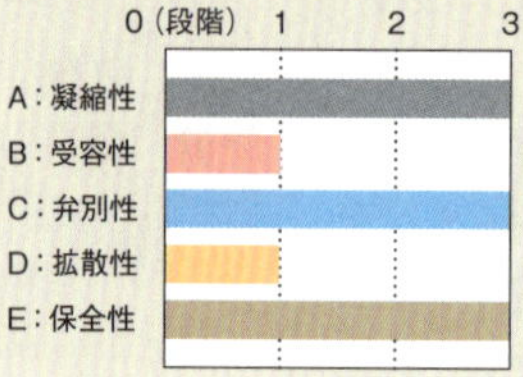

- きちんと積み上げてきた経験知を活かしながら、徹底的に合理的に進める
- リスク回避に長けている

シリーズ第１弾『あなたの知らないあなたの強み』の「第一因子」掲載ページインデックス

本書の前々作『宇宙兄弟とFFS理論が教えてくれる　あなたの知らないあなたの強み』は、各因子のタイプ別にその強み、弱みと、強みの活かし方、弱みの抑え方を具体的に書いています。本書よりさらに深くご自身のことを知りたい場合は、こちらをご一読ください。それぞれの因子別に特に読んでいただきたい箇所を掲載しておきます。

因子の「補完」関係を理解しよう

このシリーズも3冊目になりました。今回初めてご説明するのが因子同士の「補完」の考え方です。ここからがＦＦＳ理論のユニークな部分になります。

５つの因子のバランスで個人の強み、弱みを分析するのがＦＦＳ理論ですが、人間関係の中でお互いの強みを引き出すには、因子の相反する要素を理解しておくことが重要です。異質の要素は対立を生みますが、理解に至れば補完が生まれ、どちらも成長する、というのがＦＦＳ理論の考えです。補完は本来は個人の因子を細かく見て分析するものですけれど、単純化して3つの軸で考えると理解がしやすくなります。

積み重ねる保全、広げ、飛び散る拡散

最初の軸は「保全性」と「拡散性」です。

一つひとつコツコツと自分の能力を積み上げていくのが「保全性」の因子の特徴です。

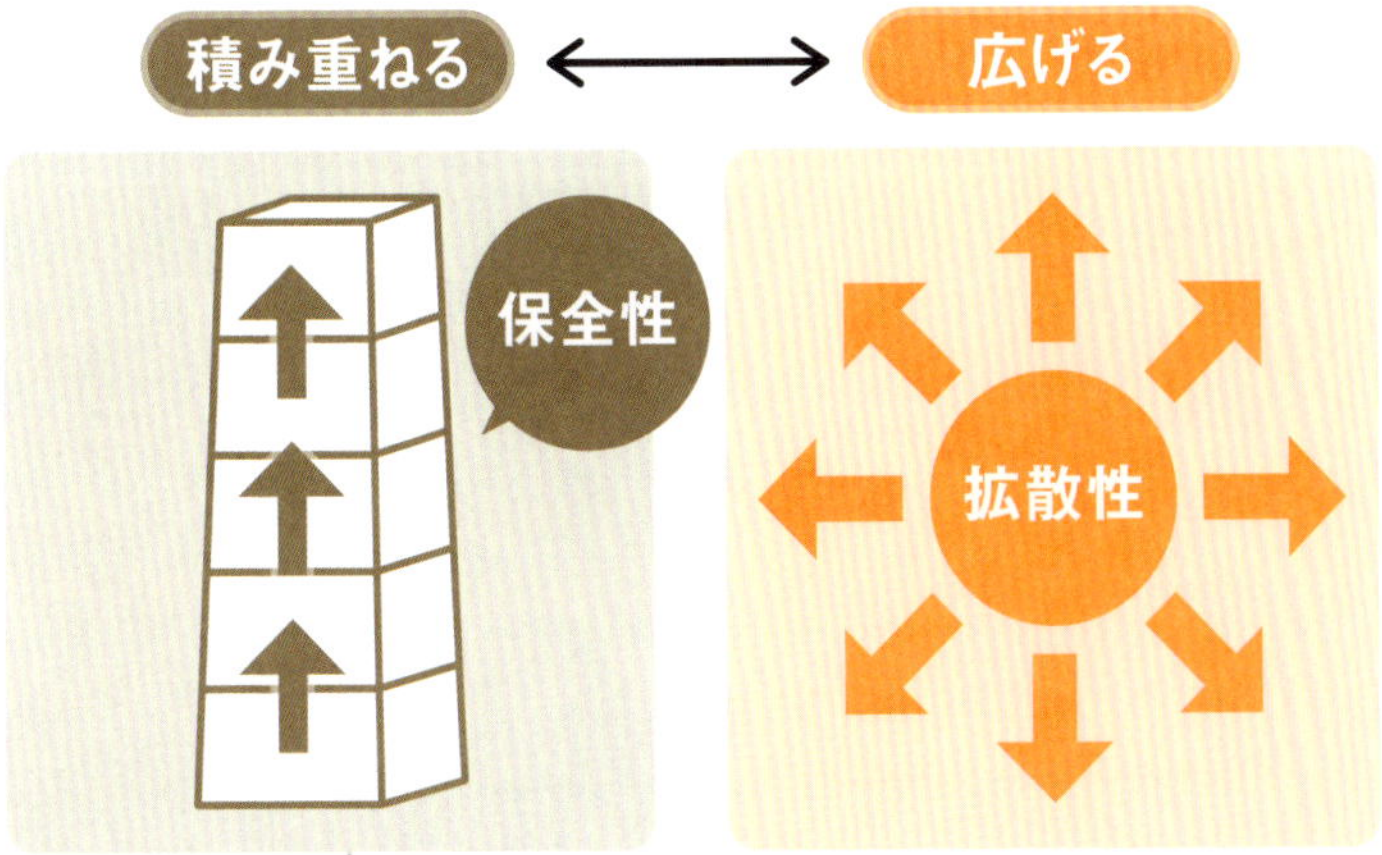

積み木のように積み上げるイメージ　　四方八方に飛び出すイメージ

これに対して「拡散性」の因子は、とりとめもなく飛び散っていくのが特徴です。別の例で言えば、定住して作物を育て、統制の取れた集団生活を行う農耕民族と、小さな集団で獲物を追いかけて移動し続ける狩猟民族、というイメージでしょうか。

「保全性」の高い人は「拡散性」の高い人を「仕事がいい加減」と感じ、それを「拡散性」が高い人は「堅いことばかり言う」と不満に感じます。日本の企業社会では、そんな不幸なすれ違いが起りがちです。

両者が補完、すなわち手の組み方を知れば、アイデアや行動力に勝る「拡散性」が新しい事業を拓き、仕組み化が得意で抜け・漏れがない「保全性」がきっちり収穫、といった理想的な関係が生まれます。

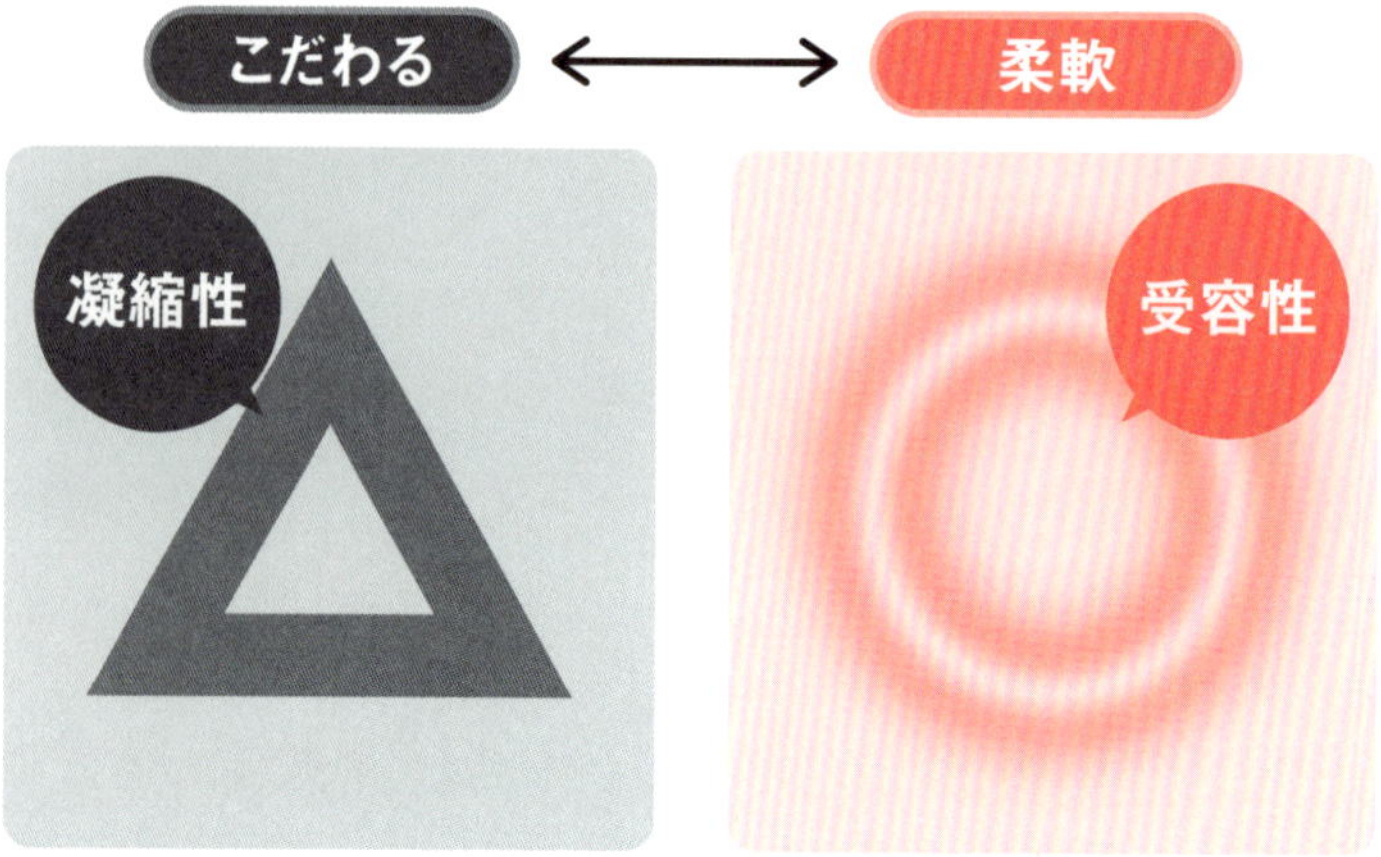

がっちりしてとがった三角のイメージ

ふわっとした輪郭の円のイメージ

こだわる凝縮、受け入れる受容

次の軸は「凝縮性」と「受容性」です。「凝縮性」の高い人は、字のごとく自分の信じるところに人生のすべてを凝縮し、何を犠牲にしてもそれを貫こう、という姿勢を持ちます。「お天道様は見ている」「大義はあるのか」と、気負いなく口にできるタイプ。「受容性」は、自分より人の希望を優先し、実現に力を貸して喜ばれることを生きがいにします。

生き方はまったく異なりますが、お互いが補完し合うと、「凝縮性」の人生を懸けたこだわりの、そしてそれゆえ周囲の反発を呼びそうな大プロジェクトを、「受容性」が持ち前の包容力とコミュニケーション力でこまめに調整して支える、という理想のコンビが誕生します。

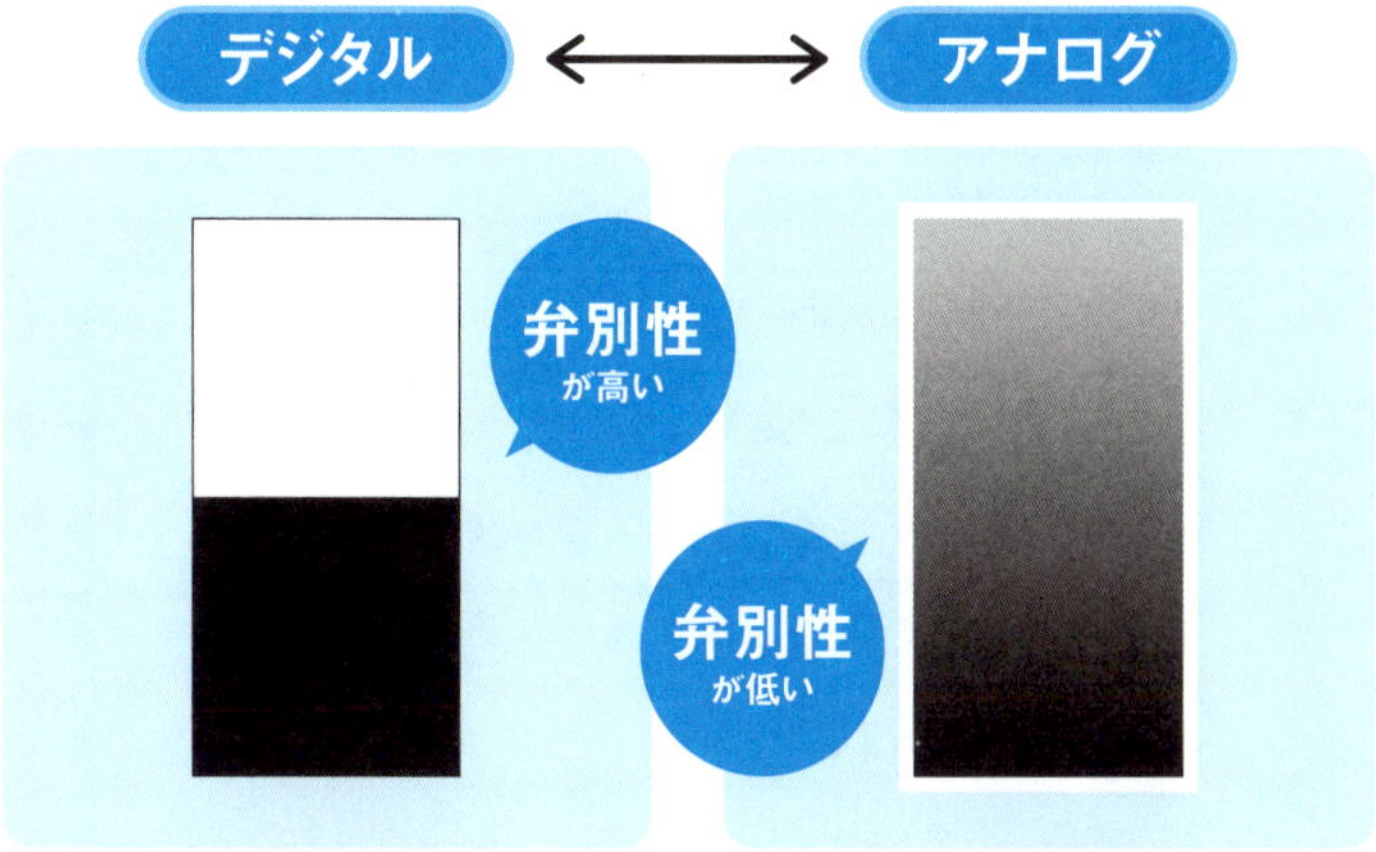

白黒はっきりしたイメージ　　グラデーションになっているイメージ

弁別性は高低で見る

最後は「弁別性」。これは「高いか、低いか」を見ます。高い人はデータで判断する傾向が強く、白か黒か、デジタル的に判定します。低い人は感覚で判断する、いわばアナログ的です。

さて、一人の人間の中には5つの因子が独立して混在します。「受容性が高いと凝縮性は低い」ということではなく、共に高い（低い）人もいます。解釈はシンプルに、高い順にその因子の影響を受ける、と考えます。分析する際に「拡散性と保全性」「凝縮性と受容性」「弁別性の高低」の3軸があると、その人が「どちら寄りなのか」のイメージがつかみやすくなり、補完する相手も見えてくる、ということです。本書を読み進める際の手がかりにしてください。

A～Eがチェックされた数を合計してください。一番多いものが第一因子になります

合計				
A 凝縮性	B 受容性	C 弁別性	D 拡散性	E 保全性

飲み会の時	飲みの場でも冷めて見える	✓	C
	上座など、座るところを気にする	✓	A
	基本は断らず、話題の店も良く知っていたりする	✓	E
	いつもは一人で動くが、急に誘ってくることも	✓	D
	幹事として世話を焼いている	✓	B
プライベートの話	家族の話が多い	✓	B
	世間で流行っていることや、ワイドショーネタが多い	✓	E
	趣味など、自分の話や自慢話が多い	✓	D
	必要以上の話はしない	✓	C
	あまりしない	✓	A
出張や休日	出張の前後に有休を取る	✓	C
	出張すると必ずお土産を買ってきてくれる	✓	B
	いつ休むか分からない、事後報告も多い	✓	D
	出張の段取りは完璧、休みもかなり前から報告してくる	✓	E
	仕事以外でも会社の規則を厳格に守る	✓	A
机の上	きちんと整理されている	✓	A
	仕訳が明確で細かく整理されている	✓	E
	何もないか、無造作にモノが置かれて散らかっている	✓	D
	無駄なく合理的に活用している	✓	C
	家族の写真が置いてある	✓	B

部下の 簡易観察チェックシート

それぞれの場合に部下が見せる態度、受ける印象はどれでしょうか
5つの中から一番近いものを選んでください

指示した時	責任感を感じる返事が返ってくる	✓	A
	「分かりました」と返事するが、少し心配	✓	B
	指示の理由の説明を求めることが多い	✓	C
	「えー」と不満が顔に出ることが多い	✓	D
	細かいところまで確認してくる	✓	E
確認した時	確認したプロセスを細かく説明してくる	✓	E
	厳格に進めているか、もしくは不満を口にする	✓	A
	「やってます」「まだですよ」と邪魔くさそうな態度をする	✓	D
	数字や論拠を付けて明確に説明する	✓	C
	にこやかに対応する	✓	B
面談した時	聞きたいことだけ質問してくる印象を受ける	✓	C
	お互いの近況など世間話が多くなる	✓	B
	面談しているのに「そもそも」と持論を展開することがある	✓	A
	一つの話題をじっくり話す。細かい話も多い	✓	E
	話しが急に飛び、脈絡がなくなることがある	✓	D
会議の時	興味ある時はしゃべるが他は寝ている	✓	D
	進行役や書記を買って出る	✓	B
	無駄な会話を嫌い、効率を重視している	✓	C
	どんな話題も相槌を打つなどして熱心に聞いている	✓	E
	「そもそも」と原理原則を語りがち	✓	A

因子の「補完」関係を理解していただくと、FFS理論のテストを行わなくても、その人の振る舞いを見るだけで、ある程度「第一因子～第三因子がどれなのか」を、推測することができるようになります。

具体的にどうやるのか？　いろいろなシチュエーションで見せるその人の反応を見て、それが「拡散性と保全性」「凝縮性と受容性」「弁別性の高低」の3軸で、「どちら寄りなのか」を判断し、重ねていけばいいのです。

相手の反応で見抜くためのチェックシート

もっとも、これは当然ながらそれなりのトライ&エラーが必要です。検証するには、その人にテストを受けてもらう必要が出てきます。

仲がいい、ある程度腹を割って話すことができる部下の場合は、繰り返しになりますがぜひこの本を使って、あなたの因子も伝えましょう。そうしてこそこの本、そしてFFS理論が、その際には、あなたの因子も伝えましょう。そうしてこそこの本、そしてFFS理論が、あなたの組織の強化にストレートに活かせます。

ただ、人間同士ですから、もちかけづらい相手もいると思います。お互いに警戒している関係性だと「性格テストですか？」と、余分な緊張の種を蒔くことになりかねません。

そこで本書では、会社における様々な場面で、第一因子によって見せがちな反応をチェックリストにしました。

例えば指示に対する反応ひとつでも、「自分が責任を持って」という頼もしさを感じさせる人、明るく返事をするがどうも軽い、分かっているのかな、と心配になる人、「なぜやるのか」と指示の理由を聞いてくる人、内容によって「ええー」と、嫌そうな顔をしたり「おっ！」と目を輝かせる人、段取りや権限、納期を細かく確認してくる人……と、様々なタイプがあります。

8つの場面での、その人が見せがちな反応をチェックしてください。合計値から、その人の高い因子が見えてきます。最も数字が大きいものを「第一因子はおそらくこれだろう」と、仮説として設定して、本書を読んであなたとの関係性から検証してみるのです。内容があなたの腹に落ちるなら、その仮説はおそらく正しい、というわけです。

第1章

FFS理論で見たあなたの強み・弱み

保全性が高い人

保全性を知る3つのポイント

1 決断の基準

情動。自分の感情（好きか嫌いか）で動く

2 他人への興味

他人から自分がどう見られるかを強く意識する

3 広げるか、積み重ねるか

積み重ねる

仕事面でのポジ／ネガな見え方

ポジティブ

専門知識を積み重ね、人間関係を大事にする手堅い実務家

ネガティブ

自分の周囲の変化を恐れ、新しいことに否定的な人

「確実にやりたい」「しっかりと準備してからやりたい」と考えるのが「保全性」の高い人です。現状を安定させ、維持することに価値を見いだします。

未知の領域に踏み入ることに躊躇しがちですが、それは準備不足で失敗するのが嫌だから。目立つ活躍より、地道にコツコツと努力して組織に貢献することを好みます。慎重かつ安全主義で、段取り重視、ホウレンソウも大好きです。

そんな、およそヒーローとはほど遠そうな「保全性」の高い人が成長していく姿を描いた物語が、宇宙飛行士を目指す南波兄弟の奮闘を描いたコミック『宇宙兄弟』です。

兄の南波六太（ムッタ）は、優秀な弟の日々人（ヒビト）と自分を比べて卑屈になり、自分から夢をあきらめてしまうような人でした。

ところが、彼のおだやかな人柄や、努力を惜しまない姿勢が周りの人たちを引きつけ、ムッタを支えてくれました。ムッタは持ち前の段取りの良さで、幾たびも襲う困難を突破し、ついに弟と宇宙に行くという夢を叶えます。

「保全性」の高い人は、言葉だけで説明するとどうしても後ろ向きで消極的なイメージになってしまいがち。でも、このタイプにはこのタイプの（どのタイプもそうですが）やり方があるのです。ムッタが、小さい頃に南波兄弟を見守り続けた天文学者、シャロンの家で音楽のセッションをしようとしたときのことを思い出すシーンをどうぞ。

……
スタ
スタ
ねえ ムッタ
スタ
スタ
「ここにトランペットがあります」
「ピアノもあります」
「ギターも太鼓も……」
「ハーモニカもあります」

「どれをやってみたい?」
……
全部!

ええ—— 全部 やるの?
だって
全部やって みなきゃ 決められない
……………
昔 ムッタに こう訊《き》いたら
全部! って言って 片っ端から音を 鳴らしていったの 覚えてる?
1時間 かけて
それであなた その中でなぜか トランペットを 選んだのよ
どうして? って訊いたら

1巻　#2「俺の金ピカ」

確実に演奏できそうな楽器、ではなく難しい楽器を選んだ。一見、らしくないようにも見えますが、「保全性」は困難から逃げる個性では決してありません。知識やスキルを体系化し、積み上げていく。これが「保全性」のスタイルです。経験知の蓄積が自信につながり、その自信をエネルギーとしてさらなる高みを目指す。もちろん目標に至るには時間も努力も必要ですが、それに平然と耐えられることこそ、「保全性」の持つ強さなのです。

ムッタは「難しそうだから」と選択の理由を説明しましたが、これは自分の経験を通して「トランペットならば時間と努力でものにできる」と、判断したのでしょう。一歩を踏み出すことには慎重で、かつ、踏み出すと決めたら粘り強く成し遂げようとするのです。

さて、そんな「保全性」が高い人が上司として部下に接すると、部下からはどう見えるのでしょうか？　86ページをご覧ください。

拡散性が高い人

拡散性を知る3つのポイント

1 決断の基準

情動。自分の「好きか嫌いか」で動く

2 他人への興味

自分以外にあまり関心がない

3 広げるか、積み重ねるか

広げる

仕事面でのポジ／ネガな見え方

ポジティブ

常識に囚われない発想で、新分野を次々と開拓する冒険者

ネガティブ

思い付きだけで何も実績が積み重ねられない、いい加減な人

「拡散性」の高い人の特徴は「自在さ」です。興味を持てば、未知の領域であろうが、すぐ「やろう」と動き始めます。失敗も前例も意識しないので、発想は自然と大胆に。周りがどう見ているかにもとらわれません。でも興味を失くせば突然放り投げることもある。「やりたいことをやりたい」が信条で、その「やりたいこと」は自分の興味、つまりは好き嫌いで決まります。

上司や先輩が相手でも、自分がやりたいことなら遠慮はしません。目上の人のアイデアでも「それ、あまり面白くないですねえ」と自分の案を押してきます。組織の中での出世よりも、自分が面白いことができるほうを採るのも、このタイプの人にはありがちです。『宇宙兄弟』のもう一人の主人公、南波兄弟の弟の日々人（ヒビト）は、「拡散性」の高い人の特徴を強く持つ人物です。「宇宙飛行士になる」という夢を真っすぐに追いかけて、劣等生だったはずがぐいぐい成績を上げ、兄のムッタより先に夢を叶えます。

ここでは、ヒビトの「拡散性」らしさを、逆境からの立ち直り方で見てみましょう。NASAのミッションで危機一髪の局面から生還したヒビトは、その影響でパニック障害を発症し、宇宙飛行士の任務から外されてしまいます。この障害はリハビリによって克服したのですが、NASA上層部はパニック障害の前歴をリスクと見なして、現場への復帰を認めず閑職に追いやります。

「久しぶりムッちゃん
しばらくずっと
死んでたけど」
なんとか最近生き返りつつあるよ。
「ムッちゃんとアポには
ホント悪いんだけど」
「今はアメリカの
いたる所を
ブラブラと
一人旅してる」
「しばらくヒューストン
には帰らないと思う」

「俺
NASAを去る
ことにした」
え……!?
「だけど
心配はいらねーよ
ムッちゃん」
「宇宙飛行士を
辞めるつもりは
ねーから」
「俺の未来は
どうにでもなる」

19巻　#186「日々人さん」

夢を叶えたのにその先を閉ざされた――その状況からヒビトは、まさしく「拡散性」らしい行動に出ます。

それは「ＮＡＳＡを去る」こと。

自分のやりたいことがやれないのならば、ＮＡＳＡという巨大組織すらヒビトにとっては足かせでしかありません。宇宙飛行士が働ける組織としてはＮＡＳＡが質も規模も世界一でしょう。しかし、だとしても唯一というわけでもない。ならば外に出て、宇宙飛行士として生きる。

「目の前に椅子にもう空きがないなら、外に出て別の椅子を探せばいい」と考えるのが「拡散性」の高い人。発想が外に向かい、内輪の椅子の取り合いには参加しません。興味を原動力に動くので、「やりたい気持ちがあれば、必ずできる」と、逆境下でも自在に楽観的に構えることができる。これも強みです。

ただし、やりたいことをやる、というのは、言葉はいいけれど地に足が付いていない感じもします。別の因子が高い方は、読みながら「大丈夫なのか？」と思われたことでしょう。プレーヤー個人としては魅力的でも組織のリーダーとしては危うくないのか。もし上司としてやってきたら、思いっきり振り回されそうな……。さて、部下から「拡散性」が高い上司はどう見えているのでしょうか。１１４ページをどうぞ。

概念化の有無で分かれる「デキる拡散」と「ダメ拡散」

ＦＦＳ理論の自己診断の結果を見て「私は拡散性がもっと高いはずなんですが」と言う人がよくいます。他の４つの因子ではないことで、ある意味、人気の因子なのかもしれません。これは、外向的、リスクを恐れない、といった特徴を言葉にすると、やたらとイメージが良く見えることも理由だと思われます。

そこで、「拡散性」が高い人にすこし耳の痛い話をしておきます。

ヒビトの自由奔放さを組織が受け入れているのは、彼の能力の高さゆえです。だから、パニック障害を発症したあとはＮＡＳＡは彼に冷たくなりました。能力に欠ける「拡散性」の高い人は、組織内では簡単にお荷物扱いされてしまいます。そして当たり前の話ですが、「拡散性」が高いこととその人の能力は無関係です。

ただし、「拡散性」が高い人ならではの能力の伸ばし方は存在します。組織に評価される「拡散性」が高い人は、体験の「概念化」に秀でていることが多いのです。

興味があることに対してまずやってみて、成功と失敗を繰り返しながら、「あっ、なるほど。こういうことか」と、一つの概念に到達する学び方です。例えば野球、アメリカンフットボールの観戦を通して「攻撃と守備が入れ替わる競技スタイル」に興味が深まり、別の分野にも共通して使える考え方を見つけていく、そんなイメージです。

「拡散性」が高い人は興味の赴くまま無秩序な体験を重ねるはずですが、それをただの経験に留めず、「これは失敗した、なぜだ」「こう変えるとうまくいくかも？」と、思考を重ね「つまり（勝負とは、面白さとは、などなど）こういうことだ」と「概念化」していくのです。これが積み重なると、未体験や未知の分野でも「だいたいこうすればいい」という勝負勘が付き、仕事の成果に結びついていくのです。

「ダメ拡散」にはならないでください

これをやらずにただ様々な体験を食い散らかしているだけだと、まさしく「地に足が付いていない」「あれこれやっているが何も身に付いていない」、根無し草になるリスクがあります。我々はこういうタイプを「ダメ拡散」と呼んでいます。いわゆる、「型なし」です。

ちなみに、概念化をマスターした拡散性は「型破り」として重宝されます。

受容性が高い人

受容性を知る3つのポイント

1 決断の基準

相手が喜ぶこと（そして自分に感謝してくれること）

2 他人への興味

他人に強い興味を持つ

3 柔軟か、こだわるか

非常に柔軟

仕事面でのポジ／ネガな見え方

ポジティブ

面倒見がいい、話を聞いてくれる、誰にも優しい天使

ネガティブ

お節介、決断しない、八方美人で頼りにならない人

「自分の周囲の人が幸せであることこそ、自分の喜び」と感じ、積極的に周りに貢献していこうとするのが「受容性」の高い人です。ですので、自分よりも相手を優先します。状況を柔軟に受け容れ、相手の欲求を「この人が笑顔になるなら」と慮って動く。コミュニケーション能力も高く、自ら主体的に行動します。

日本人のうち、「受容性」が第一因子か第二因子の人は実に64％（その次は「保全性」、そして「拡散性」）。「おもてなし」のホスピタリティーに世界の観光客が驚くのも無理はありません。こうした面を評価されて、大学のサークルなどではよく代表に担がれます。同様に入社後も早くから部署で信頼され、本人も「皆の役に立ちたい」という思いから、何かと面倒を見る世話役として頑張ります。頼られれば頼られるほど、頑張れるのです。

『宇宙兄弟』でこのタイプに当たると思われる人は、54ページで登場したシャロン博士が代表的ですが、ムッタとヒビトの兄弟を子ども時代から見守り、宇宙飛行士を目指す彼らの夢をバックアップしてきたJAXA職員の、星加《ほしか》正《ただし》もその一人。

ムッタがJAXAの宇宙飛行士選抜試験を受験した際に、前職でのトラブル（上司へ頭突きをかましています）が災いし、適性が問題視されました。かつて自らも宇宙飛行士を目指し、運に恵まれず落ちた経験を持つ星加は、頭突きの背景を知るため、ムッタが以前勤めていた会社に自ら出向き、元同僚から話を聞きます。

南波六太《むった》……
実力はある
才能も……!
たぶんある!
もともと南波君の方が優位だったのに……過去のあやまちがねじれ伝わったせいで不合格になってしまったら
運がなかったとしか言いようがない
それじゃ
俺と同じじゃないか

コッ コッ
コッ コッ
俺だ 二村《にむら》君
南波君の件だが まだ可能性は ある
手伝って ほしい
はい
はい わかりました
やって みましょう
星加《ほしか》さん
六太君 君は……
全く気付いて いないだろう
パカ

2巻　#11「頭にまつわるエトセトラ」

「濡れ衣で夢を失いそうなムッタを、自分の力でなんとかしてあげたい」。そう思ったらもうじっとしていられない。自分よりも周りの人の幸せのために動こうとする星加の動き方は、「受容性」の高い人の行動パターンです。

会社組織の中でも同様です。「受容性」の高い上司は部署の全員にくまなく気を配り、コミュニケーションと行動力でチームをまとめていきます。日々何事もない平時ならば、理想の上司と言ってもいいかもしれません。

全員を幸せにできない状況が大の苦手

問題は、新規競合の出現や既存事業のトラブル、あるいはチーム内に対立が生じたときです。ライバルを叩くための施策やリストラ、対立の解消の過程では、どうしても利益の相反が発生します。「まずはA店への投資を抑えて、競合が出ているB店に集中しよう」「いや、現時点で儲かっているA店にむしろ投資すべきでしょう」といった議論になると、「目の前の人全員を幸せにしたい」という思いから、動きが取れなくなるのです。

誰かの意見を切り捨てるような意思決定は苦手な「受容性」が高い上司。逆境の中に置かれた際に、部下からはどう見えるのでしょうか？　138ページをご覧ください。

弁別性が高い人

弁別性を知る3つのポイント

1 決断の基準

データ上の合理性、ムダのなさ

2 他人への興味

基本的に興味なし

3 物事をデータで判断するか

する。白黒の二値、デジタル的に判断

仕事面でのポジ／ネガな見え方

ポジティブ

最短距離を走るムダのない行動と、迅速な判断ができる合理主義者

ネガティブ

人の気持ちなど無視して合理に走る冷徹なマシン

「弁別（べんべつ）」とは聞き慣れない言葉ですが、「黒か白か」「0か1か」の「二つに分けていく」ことです。状況をどちらか片方にはっきり分けて判定することで、物事を無駄なく進めていく。これが「弁別性」が高い人の個性であり、行動原理です。

物事をはっきりさせようとするのは、このあと出てくる「凝縮性」と似ているように思われますが、違いは、「凝縮性」は、自分にとって「正しい」か「正しくない」という自らの価値観で決めるのに対し、「弁別性」は前提条件や情報、データをもとに、成功する確率に基づいて選択を行うことです。基点が主観にある「凝縮性」、客観にある「弁別性」。「決める」凝縮性と「判断する」弁別性。そんな言い方もできるでしょう。弁別性の高い人は「判定」はしますが、決めるわけではありません。そのため、前提となるデータが変われば、「弁別性」が高い人は判定をころっと変えます（「凝縮性」は変えません）。

「誰でもそうじゃないか、自分も買い物をするときはコスパ最重視だよ」と思うかもしれません。確かに誰しもある程度は自分の好き嫌いとは別に、データでも検討はするものです。しかし、「弁別性」が高い人の判断はそんなレベルではありません。合理の前に自分の、そして相手の感情はほとんど無力で、ためらいなくスパッと判定します。その早さは、時間の無駄を嫌うからです。『宇宙兄弟』の登場人物ではNASA宇宙飛行士のビンセント・ボールドが典型的な「弁別性」の高いタイプです。

わ〜〜〜何か キビシそ〜〜〜
あの ボールドさんて どっかで見た ような……
歓迎 パーティーに いたよあの人
え……!? そうでし たっけ？
店の角っこに 一人座って ウィスキー 飲みながら 蒸しガキ 食べてたよ
ピクリとも しない 無表情で
へぇ〜〜〜
よく覚えてる なぁ〜〜〜
アスキャンの 2年間の 訓練メニューは NASA70年の 経験を元に 構成された とても内容の 濃いプログラムに なっています
……ですが
私から すれば
はっきり 言ってまだ ムダが多い

ザ
……
ムダなんてあったかぁ〜〜〜？
詰め詰めだぞ
君たちは――
私のやり方に従ってもらい
本来2年間かかる基礎訓練を
NASA
1年半以内に終わらせてもらいます
おお――!

オオオオオ
ボ……ボールド先輩……ここまで飛ばさなくても……
た…頼むから事故るなよ…!!
やっとの思いで宇宙飛行士候補生にまでなったんだぞ…!
フッ
何を腑抜《ふぬ》けたことを……
もっと飛ばしますよ
ギュオオオオ
!!
〝移動時間〟ほど無駄なものはない
オオオオオオ
人生は短いんだ

10巻　#93「訓練開始」

ムッタは宇宙飛行士候補生（アスキャン）時代にビンセントから教えを受けました。訓練スタイルは徹底的に効率重視。訓練が始まる前から、名簿ファイルでアスキャンのプロフィールをすべて把握し、そのデータをもとに白（有望）か黒（見込みなし）に振り分けていました。「弁別性」の高さを感じさせます。ちなみにムッタは完全に「黒」と判断されていました。

ムッタが成長していくにつれ、ビンセントもムッタを認めて助力を惜しまないようになります。「弁別性」の高い人は、常にデータを更新し、「この人は信頼できる、交際するに値する」と判断すれば、黒から白にためらいなく変更し、関わり合うのです。

前提条件や客観的数字に基づいて判断し、行動のムダを嫌い、合理性を重視する「弁別性」の高い人は、組織の上の人からは大変評価されます。

「保全性」や「拡散性」の高い人のように自分の「好き嫌い」に左右されず、「受容性」が高い人のようにズルズル決断を延ばすこともなく、決定の根拠が「凝縮性」の高い人のように自分の信念（外からは「思い込み」に見える）ではなく、客観的なので理解しやすい。人の気持ちに頓着しないので、決まったことは実行します。実務力抜群で、社長・役員クラスの人にとっては、部署を任せる管理職として部下に一人はいてもらいたい人です。

では、上司として仰ぐ部下からはどうでしょうか。１６２ページをご覧ください。

凝縮性 が高い人

凝縮性を知る3つのポイント

1 決断の基準

自分の信念で動く

2 他人への興味

組織、社会など、個人より大きな視点で興味を持つ

3 柔軟か、こだわるか

強くこだわる

仕事面でのポジ／ネガな見え方

ポジティブ

正論を述べることを恐れず、部下を守るヒーロー（ヒロイン）

ネガティブ

独善的で押しつけがましく、人の話を聞かないパワハラ男（女）

おかしいことはおかしい。正しいことは正しい。物事をなあなあにせず、正論を誰に対しても主張する。それも、「言ってやったぞ」というような力みはなく、「当たり前のことでしょう?」という雰囲気で——。「凝縮性」の高い人は、自分の中に強い信念を持っており、それは正義感と言い換えることもできます。なので、「正しいことを言って何か問題が?」と思っているのです。なお、ここで言う「正義」とは、社会正義、公共善、のような、かなり高い目線のことだと考えてください。ただし、本人の経験や思考が不足している場合は、周囲から偏狭に映ることもあります。

決断を「正しいか、正しくないか」で下し、「正しいからやろう」「間違っているからダメ」と、ずばっと決めます。他人がこれを覆すのは至難の業でしょう。仮に代案のほうがリスクが低い、利益が大きい、としても、そこに何か彼・彼女の〝正義〟に反するものがあれば、そちらを採ることはありません。ここが「弁別性」との大きな違いです(73ページ)。そして、正義を共有する仲間や部下を、自分を犠牲にしてでも守り抜こうとします。「凝縮性」が高い人は他人に愛想を使いません。特に「受容性」の因子が低い人は無愛想さが目立つので、「何を考えているのかわからない気難しい人だ」と思われがち。『宇宙兄弟』で言えば、ベテラン宇宙飛行士の吾妻滝生《あずまたきお》が典型です。

パーティでの吾妻とムッタ(「保全性」と「受容性」が高い)のやりとりを見ましょう。

……
じーー
吾妻《あずま》さんが気になんのか南波《なんば》君？
わい わい
ん……いや怒ってんのかなと思って
怒ってないよあれが普通なのニュートラルフェイス
つっても俺も怖いけど
まあ彼と仲良くなろうってのはムリだな
チームワークは大事にするけど「友達」って関係にはなろうとしない人だ
俺やミヤッチでもな

はじめまして
南波六太
です！
弟の日々人《ひびと》が
いつもお世話に
なり　ありがとう
ございます！
今後とも
どうぞよろしく
お願い申し
上げます！
………
年賀状か
………!!
別に世話なんて
してないよ
………
あ……
そうなん
ですか……
終わった
………！
「日々人」を
ネタに
会話を広げる
はずが――!!

6巻　#52「一つの質問」

「凝縮性」が高く、「受容性」の低いアズマのようなタイプは、空気を読んで柔軟に対応するのは不得手です。「受容性」「保全性」が高いムッタの型どおりの社交辞令にはまったく興味を示しません。関心があるのは、相手が自分の正義、価値観に合うかどうか。なので、「一つだけ答えてくれ　死ぬ覚悟はあるか?」と唐突に聞いてきます。

詳しい背景は『宇宙兄弟』6巻で見ていただきたいのですが、これはアズマ自身が、尊敬する大先輩のブライアン・Jからされたのと同じ質問でした。ブライアンはこの質問で、宇宙飛行士が持っているべき人間性を見抜いていたのです。ちなみに、ブライアンも「凝縮性」が高く、しかも「受容性」も高い、カリスマ性を持つリーダーでした（詳しくは『宇宙兄弟とFFS理論が教えてくれる　あなたの知らないあなたの強み』で）。アズマはヒビトにも同じ質問をすでにしており、その答えはこのあとのムッタの回答と一致し、アズマは南波兄弟を「価値観が合う、信じられる相手」と認めました。

価値観で引っ張るこの性格は強いリーダーシップに通じます。一方、「とっつきにくそう」な印象に、上司と部下という上下関係が加わると、そんな気持ちは微塵《みじん》もないのに部下を傷つけたり、悪くするとパワハラだと誤解されるリスクが生じてしまいます。

上司として見た場合、どこに気をつければそのリーダーシップを発揮しながら誤解を避けられるのでしょうか。184ページをご覧ください。

この先を読む前にお読みください

宇宙兄弟のキャラクターを通して見た、ご自身の姿はいかがだったでしょうか。それではいよいよ次の第2章から、それぞれのタイプ別の部下との関係性（あなたから部下がどう見えるか、部下からあなたがどう見えるか）について、解説していきましょう。

「保全性」「拡散性」「受容性」「弁別性」「凝縮性」の順でご紹介します。内容の重複を避けるため、前のほうの記述が厚めになっています。最初にお読みになる際には、自分以外のタイプも通して読まれることをお勧めします。

部下の因子によって記述の分量にははっきり差があり、長いものと短いものが混在しています。

短い場合は問題が起こりにくい相性、長い場合は誤解が生まれやすく、深刻な事態に発展する可能性がある要注意の相性、と考えてください。

冒頭には第1章で触れた、それぞれの特徴が仕事でポジティブに出た場合、ネガティブに出た場合のサマリーを付けておきます。ご自身の基本的な「見え方」を再確認してから、お読みください。

第 2 章

「保全性上司」と部下との関係性

「手堅いけど型にはまって、
新しいことに臆病なんだよな」

「保全性上司」のあなたは部下からこう見えている

仕事の場で見える保全性の特徴

特徴が強みとして発揮された場合の評価

▼何事もしっかりと準備して取りかかる→**慎重でミスが少ない**

▼納得するまで情報を集める→**抜け漏れのなさ**

▼リスクに敏感である→**回避策、代替案も考えるので成功する確度が高い**

▼自分の居心地をよくしようとする→**日々、工夫改善していく**

特徴が裏目に出た場合の評価

▼何事もしっかりと準備して取りかかる→**スタートするまでが遅い**

▼納得するまで情報を集める→**情報を集めるのが目的化してしまう**

▼リスクに敏感である→**物事を変えたくない、前例主義的になる**

▼自分の居心地をよくしようとする→**既存の枠組みを死守しようとする**

拡散性部下から見た保全性上司

“ホウレンソウ”が好きすぎ、放っておいてくださいよ

「拡散性」が高い人は、未知の領域に本能的に惹かれる性質を持っています。特に積み重ねや知識がなくても、興味のあることに迷いなく飛び込んでいく様子に、「保全性」の高い人は「なんでそんな無茶ができるんだ？」と驚きを隠せません。「保全性」の高い人にとって、その腰の軽さは憧れにつながることもあれば「動けない自分」のふがいなさを感じることもあります。でもこれは前に述べたとおり、行動原理の違いです。「保全性」の持ち味は積み重ねの力であって、そこは「拡散性」が最も苦手とするところ。引け目を感じる必要はまったくありません。

要するにこの2タイプは考え方が大きく異なるのです。「保全性」が高い人が多い日本の社会では、ほどほどに数がいる「拡散性」が高い人との間にはどうしても誤解や衝突が生じがちで、それがコミュニケーションを妨げたり、個人の成長の足を引っ張ったりしています。両者が理解し補い合えば、日本企業の生産性は数字に出るくらい上がる、と、私は本気で思うのですが。

さて、こうした傾向から「拡散性」の高い部下（以下、「拡散性の部下」「拡散性部下」とします。他の章も同様）から「保全性」の高い上司（同じく、「保全性の上司」「保全性上司」）は、「自分の行動を制限し、対応が遅い」人に見えます。

地図を用意する保全性上司が部下にはうざったい

保全性の上司は、目的よりも手順を優先して説明しがちです。

登山に例えると、「どの山に登るか」より、「これこれを準備して、こういう服を着て靴を履いて、荷物はこういうバッグにこう入れて、何日何時にこの場所に着いて、そこから1時間にこのくらいのペースで登って」と、事細かく段取りを説明するほうに力を入れがちなのです。目的より、手順をきっちり固めて着実に実行することそのものに、仕事の喜びを見いだします。

そこで、自分が登頂に成功した実例をもとに磨き込んだ細かなノウハウを丁寧にまとめて、惜しみなく部下に伝授します。「このとおりやれば成功する」と思えばこそ、自作のマニュアルも用意して教えようとするのです。

しかし、拡散性の部下からするとこの指示は実につまらないものに思えます。

「拡散性」が高い人は、手段よりも目的志向です。どの山に登るか、それが面白そうか、が判断基準になります。「面白そうだろう？　だからこの山に登ろう。登り方は君に任せるよ」というのが、拡散性の部下にとって最もアガる指示です。

その真逆のことをやられて、「全部制約されて自由にやれないし、そもそもどの山にどうして登るのかを教えてもらえない」と、拡散性の部下は不満たらたらです。「そんなにかっちり決めたいなら、もう、課長が自分で登ったらいいじゃないですか。僕は別の山に行きますよ」と、反抗的になるのです。

そんな気も知らず保全性上司は「もしかして、マニュアルが分かりにくかったかな」と丁寧に手直ししたりします。もちろん部下はなんの感謝もしてくれません。

自分で動いてしまうのは絶対NG

プロセスを重視する保全性の上司は、指示を出したらその進捗をこまめに確認したいのですが、これも拡散性の部下には逆効果というか、興味を持ててないからさぼりがち。こうなると保全性の上司からは拡散性の部下が、ただの不真面目な人に見えてきます。「やる気も能力もないダメなヤツなんじゃないか？」という疑念がどんどん膨らみます。

ここで保全性の上司がやりがちで、しかし絶対にやってはいけないことは、「あいつにやる気がないなら、もう自分でやったほうが早い」と、自ら動いてしまうことです。「保全性」の高い人は、事態が進む中で自分が何もしていないことに不安を覚えます。仕事が進捗しないことに、管理者としての指導力が疑われそうだと気になり、自分で仕上げようとします。すると拡散性の部下は「あ、課長がやってくれるんですか、どうせ興味ありませんからどうぞ、どうぞ」と、悪気なくさらに上司の気持ちを逆撫でします。

保全性の上司からしたらもう意味不明です。いくら指示をしても言うことを聞かず、感謝も反省もしない。ふてぶてしい態度に腹も立つ。こうなるとまともに会話することすら難しく、「こいつは苦手だ、手に負えない」と、関わりを避けます。最悪の場合、拡散性の部下が上司にはっきり反旗を翻して食ってかかるようになることもあり、そうなると上司にとっては強いストレスの原因になります。

もちろん、ふてぶてしい態度を取ったり反抗するのは部下の側に大いに問題があります。ただ、保全性の上司がよかれと思ってしていることが、思わぬ反発を招く方向に拡散性の部下を押しやっていることがある、ということはぜひ知ってください。「保全性」の高い人は「拡散性」の高い人に苦手意識を持ちがちなので、一度こじれるとたいへんやっかいです。

そんな拡散性の部下を、保全性の上司がうまく扱い、戦力として育てるにはどうするか。

拡散性の部下を気分良く走らせるコツ

「拡散性」の高い人がやる気を見せるのは「好き」や「興味」があること。拡散性の部下には、本人の好きなやり方で任せるのが一番です。興味を持たせるには、手順を教えるのではなく、登る山を教えてあげる。すなわち部下が「つまらない」と思っている仕事が持っている意義、意味を教えて、そして本人にとって「面白いこと」に変えてやるのです。

拡散性の部下が知りたいのは、手順ではなくて目的なのです。そして、目的に対して自分ならではのやり方を考えることが大好きです。

例えば決まり切った仕事でも、「時間と手間を減らすアイデアはないかな?」「結果が同じなら、プロセスは変えても構わないよ」と、部下がやりたいようにやれる自由度を与えてあげれば、がぜん興味を示すはずです。上司側の気持ちに余裕があれば「これは君にしかできないと思う」と付け加えてみる。「面白そうですね」と食いついてきたらしめたものです。

さらに言うと、拡散性の部下はアイデアや行動は得意ですが、手順の洗練や細かい事務作業、成果の刈り取りは苦手です。そこは「保全性」が高い人の得意分野ですから、さりげなくフォローしてあげましょう。そして、出た成果は評価してあげて、あなたは実を取ればいいのです。

部下とハサミは使いよう

保全性の上司にとって拡散性の部下は「部下とハサミは使いよう」です。

詰めの甘さや生意気さはおそらくずっと変わりませんが、自分ではなかなか手を出せない分野や既存の仕事の改革に、「面白い」と感じれば見返りを求めずに突進してくれる、ありがたい部下になります。

もちろん、自分の行動原理である「仕事の段取り」を、どうにも頼りなく見える拡散性の部下に「自由にやれ」と任せるのは、なかなか抵抗があると思います。

ですが、そこは口出しを我慢して見守りましょう。うまくいったらあなたが拡散性の部下の手法を体系化し、自分の段取りのバリエーションとして加えればいいのです。

そして「任せる上司」という、部下からは意外な一面を見せることで、拡散性の部下のみならず、上下左右の人々のあなたを見る目も変わってくることでしょう。

保全性の上司を持った拡散性の部下へのアドバイス

この人はどうにもならない、と思ったら、「上司をヒーローにしてあげるゲーム」と考えて、上司が苦手な新分野への切り込み隊長などを買って出るのはどうでしょう。また、保全性上司はヒエラルキーを強く意識しますので、顔を立ててあげると安心します。

会社の地位とかメンツとかは、あなたにとってはどうでもいいことのはず。「自分にこんなに好き勝手にやらせてくれるのは、この会社であなたしかいませんよ。これからも役に立ちますので、使ってやってください」と、感謝しつつうまくノセて、自分がやりたいことをやれる環境をつくっていってください。

受容性部下から見た保全性上司

指示は分かりやすいけれど「やりがい」を与えてくれない

「受容性」が高い人の行動原理は「人の役に立ちたい」です。もうすこし具体的に言うと「自分の目の前の人が笑顔になる」ことに喜びを覚え、さらに笑顔の人を増やそうと頑張ります。たくさんの人間が関わる会社の中で、これはとてもありがたい特徴です。保全性の上司がこまめに出してくる仕事の指示を「この人が喜んでくれるなら」とこなしてくれるので、お互いに「わりとやりやすい関係」をつくれます。

注意点もあります。保全性の上司は「これはこうやってください、これはこうやってください」と、自分が経験した成功例のステップに沿って指示を出します。手順の説明は念入りですが、目的についてはあまり語らない傾向があり、受容性の部下は（拡散性の部下と違って）それを受け入れます。

「役に立っているのか」を気にする受容性部下

保全性の上司は、「手順を説明した、部下は了承し、そのとおり行動した。結果が出た。では次のステップ」と、手順に従ってやって結果が出たのだから予想の範囲内、良くも悪くもない。そう考えてしまいます。

しかし受容性の部下は、相手が喜ぶこと、笑顔になることによって、自分がいるから結果が出たよね、という確認をしています。「人のためになる行動をした」というフィードバックが欲しいのです。「できました」「じゃあ、次にこれをやって、終わったらこれ」というやりとりは、保全性の上司にとっては「万事ＯＫ」なのですが、受容性の部下には「自分は役に立てていないのでは」という疑問を芽生えさせてしまいます。

ですので、手順の説明をする際には「今やってもらっている仕事がなんのためになるのか、誰のためになるか」という目的を示したり、あるいは「あの件で、先方の誰々さんが喜んでいたよ」といったフィードバックをできるだけ行って、モチベーションを高めてあげたいところです。

もう一つ注意点を挙げるなら、「受容性」の高い人は目の前の相手を喜ばせたい気持ちから、時として自分のキャパシティを越える仕事まで「分かりました」と受け入れてしまうことです。オーバーワークに陥って、でもきっぱり断れなくて、にっちもさっちもいかなくなっていないか、目を配ってあげましょう。

そんな受容性の部下のストレスマネジメントとして有効なのは、「役に立っている」実感を得られる機会、つまり、人と出会い、面倒を見る場面を増やしてあげることです。もちろん仕事の分量を見計らいつつですが、「忙しそうだから声を掛けなかった」と言われるのが一番のストレスになるのが「受容性」の高い人の難しいところです。

気楽なところでは宴会の幹事役とか、もし余裕があれば別部門の人と知り合いになれる機会を用意するなどして、「自分の力で人を笑顔にできる」可能性を高め、元気になってもらいましょう。

保全性の上司を持った受容性の部下へのアドバイス

「何かお役に立てることはありませんか」と心の中でいつも考えているあなた。もしかすると保全性の上司は、自分の安心・安全だけを意識して、手順から外れないようにマイクロマネジメントしてくる人に見えて、物足りないかもしれません。

上司が変わってくれそうもないならば、社内ネットワークの構築やSNSでの仲間作りなど、自分の強みを生かしてストレスの解消と、別の機会への足がかりをつくっておきましょう。上司には想像もつかないあなたの人脈が、ある日、仕事を動かすことにつながり、あなたを見る目を変えてくれるかもしれません。

凝縮性部下から見た保全性上司

この人は自分の信念というものがないのかな……

保全性が高い上司から見たら、一番苦手なのがこの凝縮性部下です。逆（凝縮性上司×保全性部下）はお互いにとてもいい関係なのですが、自分の部下として上司的な性格の人間が来るのは、やはりどう考えても相性が悪い。

その相性の悪さがどこから来るのか、読み解いてみましょう。

保全性上司は、「まずは滞りなく組織を運営しよう」という志向が強く、トラブルや、その原因になる対立は見たくありません。一方、正論で対立のタネを撒き、トラブルを恐れず突っ込んでくるのが凝縮性部下です。「おかしい」と思えば上司だろうが遠慮なく突き上げてきます。「課長、この件はこうすべきですよね」「いやいや、まあまあ、これはするべきとかいう話じゃなくて、お客さんの事情も」「いやいやいや、それは違いますよね。そもそも我々の会社の理念としては」……。これはたまりません。

正論を振り回して部署をかき回す部下

保全性上司にしてみれば、正論を振りかざして自分の部署を混乱に陥れ、指導を受け付けない恐ろしい部下で、胃が痛くなります。外部の人からは部下の、ある意味一本筋の通った個性が「面白いヤツ」と評価されて、ちゃんと結果にもつながったりするのですが、すると今度は保全性上司には「自分の部署が凝縮性部下に乗っ取られるのではないか」という不安が出てきます。

部下からのストレスで潰れる前にどうすべきでしょうか。

凝縮性部下と対等以上に付き合いたいなら、保全性上司は「この分野なら自分は間違いなく強い」という安心領域を持つことがどうしても必要です。抜け・漏れのない積み重ねで学び続け「ここだけは誰にも負けない」という分野があると、「保全性」が高い人は他人を過度に気にせず、安定した気持ちで接することができるようになります。

そうなれば凝縮性部下が突っかかってきても「まあ、あいつもあいつなりに正しい。けれど、正論でしか押せないところがまだまだ若いな、かわいいよね」と軽くいなせます。そして経験が豊かでスキルがある人には、凝縮性部下もちゃんと敬意を払います。

経験不足の保全性上司を当ててはいけない

言い換えると、管理職になりたてのヒヨッコ保全性上司に、凝縮性部下を付けるのはお勧めできかねます。難度が高すぎます。新米上司にとっては、怖くて怖くて仕方ない部下になってしまうでしょう。上はストレスで潰され、下は愛想を尽かして会社を出て行くかもしれません。

幸か不幸か、「凝縮性」が高い人は日本人にはとても少ないので、わざわざ保全性上司に当てることはないと思います。可能な限り避けるべきです。

保全性の上司を持った凝縮性の部下へのアドバイス

自分の正義、会社員として言えば社会の中で自分の企業があるべき姿。それを意識している凝縮性部下から見たら、保全性上司のマネジメントは、安定・安全を重視しすぎて部署や取引先の要望に合わせてしまうため、その場その場の事なかれ主義でやっているように見えるかもしれません。「こんな人が上司か、これじゃこの会社もだめだ」と、転職を考えたくなるかも。

実のところ、上司が経験不足の場合、あなたのほうからできることはあまりありません。むしろ、あなたが怒って上司を過度に追い詰めてしまうことのほうが心配です。怒る前にやれることはいくらでもあります。

さらに上の役職者に相談する、異動を申請する、などは当然試みるべきです。そして注意点。その理由を他人に説明する際に「上司にダメ出しする部下」と思われるのは、マイナスの印象にしかなりません。

もうご存じでしょうが、正論をぶつける甲斐もない相手もいるのです。スムーズに異動するため、と割りきって、言いたくなることがあっても、笑顔で「どうもうまくコミュニケーションが取れなくて」程度に止めるのがお勧めです。

弁別性部下から見た保全性上司

ムダにウエットすぎる。仕事は合理的にやりたいよね

保全性上司側から見ると、「弁別性」が高い人は考え方や行動にムダがなく、「サービス、事業、商品でいかに利益を最大化するか」を常に考えている。好き嫌いとか社会的な正義とか、面倒くさいことを言いださない、ありがたい部下です。

弁別性部下から見た保全性上司は、指示が具体的なのはいいけれど、必要以上に細かすぎて、「要するになんですか」と言いたくなるところがあります。

「弁別性」が高い人は「データ」や「方程式」を求め、話に「白か黒か」を付けたがるので、「保全性」が高い人の話が、具体例ばかりが山盛りだったり、先に言い訳があったり、あいまいすぎるように感じます。自分では「ドライすぎるかな」と思うくらい、スパッと伝えるほうが、むしろ弁別性部下にはありがたいのです。

また「保全性」は情動、好き嫌いで動く因子です。仲間をつくって仲良くやることで安心できて、居心地の良さを求めます。それが部署の一体感を培う効果もあるわけですが、ひたすら合理で動く弁別性部下は、上司のそういう部分を苦手に思っています。

仕事が終わったらさっさと帰りたいし、意味のない残業なんてもちろんしません。そして人間的なお付き合いにはあまり興味を示さない。保全性上司にとっては、自分の人心収攬テクニックが通じないので「仕事はできるんだけれど、どこか打ち解けないヤツだな」と、違和感や苦手意識を持ってしまうかもしれません。

懐かないのはあなたにだけじゃない

でも、弁別性部下は別に保全性上司を嫌っているわけではなく、人の好き嫌いを気にしていないだけです。きつい言い方をすれば、この人は信頼できる、仲良くなる価値がある、と判断すれば、機嫌を取る必要もなく距離を縮めてくるでしょう。そこも合理なのです。

といっても、弁別性部下が懐かないのは保全性上司だけではなく、誰とも必要以上に距離を詰めませんし、派閥を組んだりもしません。自分の場所に安定感を求める「保全性」が高い人にとっては、安心できる部下でしょう。

上司として指導するなら、弁別性部下が求める「合理」は、目先の白黒だけではなく、中長期的に考えた場合の白黒もあるんだよ、というところです（164ページ参照）。そこが理解できた弁別性部下は、ソロバンも弾けば情理もわかる、将棋で言えば飛車と角が合体した龍王のような万能型のコマになってくれます。

弁別性部下には、機嫌を取る必要はないし、もちろんいじめも御法度。ファクトをきちんと伝え、結果をちゃんと評価することと、向こうが近寄りたくなるような、専門性に優れた上司になることで、両者ともハッピーな関係がつくれます。

保全性の上司を持った弁別性の部下へのアドバイス

こと細かく指示してくるけれど、どうも合理性に欠ける。判断もロジカルじゃない。弁別性部下からすると保全性上司はそんなふうに見えます。保全性上司が得意な周到な準備も、「そこまでやらなくてもいいんじゃないの？　ムダに時間を掛けすぎなんだよなあ」と思えて、自分の分はさっさと終わらせて「あれ？　今日は飲み会だけど」という声を振り切ってさようなら……。

保全性上司は物事を好き嫌いで考える因子が高いので、あなたのそういう合理的だけれどドライな態度を、自分への反感なのか、と誤解する可能性はあります。気持ちの説明は「弁別性」の高いあなたにとっては得意なことではないので、いったん誤解してしまうと双方とも抜け出すことが難しい。

面倒ですが、それを解いておいたほうが仕事の効率も良くなるのは間違いないですし、もともと悪い相性ではないので、たまには居酒屋で隣に座って「愛想がない私の自己分析」を、保全性上司に聞かせてあげるのも悪くないと思います。

保全性部下から見た保全性上司

協調的で働きやすい、だけど「敵」と認識されたら怖い人

同じタイプ同士は、どの因子でも基本的にとてもやりやすい相手です。「保全性」が高い人は、仲間、後輩、といった関係を意識し、上は下の面倒を見ようとしますし、下は上の顔色を見て、合わせていくのです。ちょっと体育会系というか、農耕民族の「ムラ」社会をイメージするといいかもしれません。日本の企業社会に深く根付いているのもこの関係性です。

上司と部下の話で言えば、営業の実力差、文書の処理能力差など、上下関係を支える理由がはっきりしていると、上司の堅実で細かな指導に部下がしっかり食いついていく、いい関係になります。例えばまったくの新人に会社の仕事を教える、という場合はとても効率が上がるでしょう。これは他のタイプでも同じで、新人のチューターは、同じタイプの

人が行うのが望ましいです。

問題はこの「上下関係」がぐらついたときです。

下剋上が始まると目も当てられない

体育会系の組織、ムラ社会を支えているのは、組織内の人の「上下関係」です。

例えば体育会なら、学年が上のほうが圧倒的に強いならばその組織は安定しますよね。しかし、そこに先輩たちの力量をはるかに超えた新人が入ってきたらどうなるでしょう。スポーツ漫画でよくある設定ですが、実力を認めない先輩に対して新人が下克上を起こそうとして、対抗試合が行われたりします。

これと同じく、保全性の部下は「自分のほうが上だ」と思うと、上司に対しマウントを取ろうとします。保全性の上司は上下関係を気にしますし、自分の枠組み（縄張り）を守る意識が働くので、強く反発します。これによってマウント合戦が始まってしまうのです。

試合で片が付くならばいいのですが、会社で「保全性」が高い人同士がマウントの取り合いを始めるとやっかいです。「保全性」は仲間を大切にし、悪い言い方をすると徒党を組んで、敵を排除しようとします。いわゆるいじめの構造です。

上司のほうが有利とはいえません。見てきた限り、部下同士が組んで上司をいじめて潰してしまうケースのほうが多い。保全性の上司が心を病んでしまうのは、拡散性の部下か保全性の部下の反抗に原因があることが大半です。凝縮性の部下もストレッサーになりますが、人数が少ないので確率は低い（ただしパワハラ疑惑として表面化しやすい）。

拡散性の部下の場合は、上司の土俵（上下関係）からとにかく逃げだそうとするので、「もういい、会社を辞める」といった形で途中で終わることが多いのですが、保全性の部下の場合は上下関係にこだわる人同士ですので、長期化、陰湿化する恐れがあります。

自分から弱いところを見せる

こうした事態を避ける対策の一つは、あえて弱みを見せることです。

部下から見て自分がスキルがないように見えて、実際にそこに自信がない場合は「これは自分には経験がないので、君のほうが詳しいから頼む」と、弱点を認めるのです。

抜け・漏れを嫌う「保全性」が高い人にとっては、「できない」事実を認めるのは苦手なことで、「地位が上」だとさらに難しいはずです。でも、だからこそ部下にも「この人、ちゃんと自分のことが分かっているんだ。しかも大人の対応ができる」と認められるきっかけになります。弱点を隠そうとすると、自分自身がますます周りの目が気になっていきます。できないことをできないと認めるのは、自分の気持ちにとっても実は有効です。

泥試合から抜け出す「鏡」の悟り

結局、保全性同士の戦いは負けず嫌いのケンカです。はっきり白黒が付けば上下関係を受け入れる部分もあります。でもそうなると、別の部分でマウントを取ろうとし始めるかもしれません。泥仕合ですね。

そもそもこういう事態に陥らないために「保全性」の高い人、特に上司にお勧めしたいのは、自分の専門性を磨き上げておくことです。「ここだけは抜け・漏れがない、自分が一番積み重ねてきた」という自信を持つ分野が一つあれば、他の細かいところは別に譲ってもいい、という気持ちの余裕ができるからです。

保全性同士に限りませんが、同じタイプの相手は自分の鏡、裏返しです。自分が嫌だと思うことはまず間違いなく相手も嫌だと思っているし、恨みのポイントもおそらく同じです。自分の中で「イラッ」ときたら、相手もそうだ、という気づいてください。

不安に思っていることも、物事への向かい方も同じですから、嫌うタイミングも、それがイヤになるタイミングも同じ。マウントを取りに行けば取り返そうとされますし、相手をリスペクトすれば、向こうも必ずそうなります。自分がすべてにおいて上にいる必要はない（だって自分には大切に積み重ねてきた××があるから）、という態度が、泥試合から抜け出す道なのです。

保全性の上司を持った保全性の部下へのアドバイス

お互い鏡の関係なので、上司に対しても部下に対しても申し上げることは同じです（笑）。いかにあなたのほうが能力があってマウントを取れそうでも、泥試合にもつれ込んだらあなたも間違いなく消耗します。社内でのマウント合戦なんてはっきり言って人生の無駄遣いですし、噂が広まれば社内で眉をひそめる人も出てくるかもしれません。決して得な行動ではないでしょう。

相手の枠組みを侵さないことを意識し、リスペクトをしています、という姿勢を見せれば、「可愛いヤツ」と引き立ててくれる、実は扱いやすい上司です。そのほうがあなたも自分のやりたいことがやれるはず。組織内の人として序列を尊重する、その範囲で自分ができることを広げていく、という対応をお勧めします。

保全性の成長パターンの代表例を中年の星、福田直人に見る

ＦＦＳ理論の診断で第一因子が「保全性」と出たのに「いや自分は拡散性だ」とやり直しを要求する人は意外に多いのです。因子の傾向は変わらないというのがＦＦＳ理論の理解なので、そんなことを言わず自分の強みを伸ばしましょうよ、とお話しするのですが。

これはロールモデルが足りないせいかもしれません。「保全性」が高い人は日本人に多く、「保全性が元気になれば日本も元気になる」というのが私の持論です。『宇宙兄弟』は、「保全性」が高いムッタが主人公の希有なドラマで、読んでぜひ元気になっていただきたいのですが、他にも「保全性」が高い人はいます。ＪＡＸＡの宇宙飛行士採用試験にチャレンジして落選しながらも、民間宇宙企業「スイングバイ」に入社し、再び宇宙を目指す中年の星、福田直人です。「拡散性」が高いであろう同社の笑川社長から、一歩一歩積み重ねてきた技術と人間性を「当社とぴたりと合うピース」と評価され、入社を請われる。自分の強みを磨き込んで夢を叶える彼の姿をぜひ見てください。また『あなたの知らない　あなたの強み』の第3章「組織理解　目指すべきリーダー像」も参考になると思います。

「こんな人に出会いたい」と――
まさにイメージしていた通りの人たちだ
ジグソーパズルのピースがはまるように
ピッタリと収まった
「本当に必要な人というのは――きっと向こうもこちらを必要としている――」
そんな人に出会いたい
プルルル――♪
あ～～～どーも笑川です
先日はありがとうございました
はい…
はい
あ…はい
会う人会う人に誰かを紹介してもらえるようお願いしておいたのが良かった

無職？
あ…っ いえいえ
大丈夫です
その方と会ってみます
彼に会うことができたから
福田《ふくだ》です
はじめまして
はじめまして
〝笑う川〟と書いて
笑川です！
おお〜〜〜
なんて眼光の鋭《するど》い人だぁ
福田さん…宇宙飛行士選抜で最終審査まで残ったなんて
それだけでスゴすぎる

ええ
振動のメカニズムについては少し研究しました
まだまだ謎な部分は多いですけどね
燃料の混ざり具合や配管内で起こる脈動を改善できれば
振動は弱められます
エンジンの改善以外にも人や機器を乗せるカプセルと上段ロケットの間に
〝制振材〟を入れる方法も考えられますね
ただしこれにも相当コストがかかるんです
前にいた会社ではそこまでの冒険はさせてもらえませんでした

22巻　#213「Piece」

第3章

「拡散性上司」と部下との関係性

「アイデアと行動力はあるけれど、
空気が読めない変わり者」

「拡散性上司」のあなたは部下からこう見えている

仕事の場で見える拡散性の特徴

特徴が強みとして発揮された場合の評価

▼面白いと思ったら、すぐにやってみる→**瞬発的な行動力がある**

▼前例を破り、枠組みを飛び越える→**変革推進ができる**

▼発想が飛躍する→**創造的なアイデアが生まれる**

▼執着しない→**自在である**

特徴が裏目に出た場合の評価

▼面白いと思ったら、すぐにやってみる→**行き当たりばったり、無茶苦茶**

▼前例を破り、枠組みを飛び越える→**組織的行動ができない、内部から壊す**

▼発想が飛躍する→**脈絡がない、説明ができない**

▼執着しない→**飽きっぽい、地に足が着かない**

保全性部下から見た拡散性上司

思い付きで「無茶振り・丸投げ」してくる困った人

87ページで紹介した「拡散性部下×保全性上司」の逆になる組み合わせです。あちらの場合は、「手順を指示してしっかり管理しようとする保全性上司と、自分の思い付きで好きにやりたいので反発する拡散性部下」となってしまうリスクを指摘しました。こちらは「自由にやりたいようにやれ、と任せる拡散性上司と、なんの説明もなく丸投げされた、無茶苦茶だ、と不安になる保全性部下」ということになります。

拡散性上司にしてみれば、答えを知っていながら隠しているわけじゃない。というより、実は自分の中にもプランらしいプランはないのです。

先の「概念化」の力（64ページ）で、「なんとなくこのあたりだろう」という当たりは付けてはいます。でもそれはいわば直観なので、理屈立てて説明するような話でもないよね、と、あまり表に出しません。そして「自由度を与えたのにおどおどして動きださない、元気のないヤツなのかな」と、保全性部下を誤解したりします。

準備万端でスタートしないと不安な保全性部下にとっては、天敵のような上司です。

困った、と思って、「どういうことですか。もっと教えてください、例えばここはどうお考えなんですか」と詰めに行っても、たいがい空振りに終わります。「あ、実は俺も分からないから、今からやりながら考えるんだよ。でもまあ、何かいけそうな感じはするんだよね」と、軽くいなされたり。「なんていい加減で、無責任な上司なんだ」と、保全性部下にも誤解と、そして怒りが生まれます。コロナ禍で増えたリモートワークでこの組み合わせになると、表情や雰囲気も伝わらないため、さらに誤解が発生しやすくなってしまいます。

「自由にやってくれ」は禁句

拡散性上司で部下に保全性が高い人がいたら（日本企業ならいるはずです）、自分の得意技「自由にやってくれ」は、まずこの相手に対しては控えましょう。

実は自分のフィーリングで進めている仕事もあるかもしれません。それでも、できるだけ相手が欲しがっている「具体的な手順」に落とし込む。それが無理ならば、せめて「最終的にここに行く」のだと、目的地をはっきり示してあげたいところです。それすらも自分の興味次第でズレることがあるのが、「拡散性」の高い人の持ち味なのですけれど……。

対照的な拡散性と保全性ですが、共通するのは情動の影響が強いこと。合理性よりも「好きか、嫌いか」が判断の大きな要素になります。ですので、「自分はこういうことが好きで、面白いと思う」と、お互いに情動のレベルでの好き（嫌い）の共有が図れれば、保全性部下は「この人はそういう軸で動いているのか」と興味は持てるはずです。

そこをきっかけに拡散性上司と保全性部下が、「お互いに自分とは違う角度から仕事を、人生を見ているのだ」ということが理解できれば、対話のチャンネルは開けます。それだけでも大きな前進です。

お互いを補い合える関係に持ち込む

「拡散性」が高い人は「体験を通して仮説・検証を行い、共通化している幹だけを残し、枝葉を削ぎ落とすこと」で概念化して成長していきます。だから応用が利くのです。「保全性」が高い人は、「経験を通じて抜け・漏れなく知識を集めて体系化して、仕組み化していく」ことで成長します。求めるもの、必要なものが本当に違うのです。

それは相互の理解を妨げることになりますが、お互いに足りないところが明確なので、補い合う関係になれる、ということでもあります。

真逆の相手である保全性部下の好みに完全に合わせるのは無理ですし、拡散性上司としてのいいところも潰れてしまいますから、相乗効果を狙いましょう。

拡散性上司が苦手な細かい日々の管理や業務のマニュアル化など、積み重ねが必要な部分は、保全性部下は得意中の得意です。そこを任せ、評価して、やる気を引き出しながら、徐々に自分の「無茶振り」にも慣れてもらう、そのあたりから始めるのがよいでしょう。保全性は、慣れて体系化することで「想定外」だったことを「想定内」に仕上げるのが得意なのですから。

拡散性の上司を持った保全性の部下へのアドバイス

保全性部下のあなたには理解できないところが多々ある拡散性上司ですが、実は、あなたが成長するためには最適の相手でもあります。

「やれるはずがない」と思うような無茶振りによる修羅場は、それが悪意からではない限り、自分の殻を破る最大の機会になります。安全・堅実・積み上げ型のあなたには、「分からないけれどとにかくやってみる」という、拡散性上司が与えてくれる体験がそれに当たります。

拡散性上司は悪気があるわけではなく、新規な発想を生み出して、普通の人の想像を超えた仕事の振り方をしてくる〝だけ〟です。「保全性」が高い人からすれば、「突拍子もない」としか言いようがないでしょうが、あなたにも対抗する手段はあります。上司の傾向を読んで、保全性らしく予習・復習を重ねていけば、突然の指示にも「ああ、来たな」と対応することはできるはず。知識と経験を猛スピードで積み上げるチャンスと捉えて、悪意と捉えず「ユニークな人だ」と思ってフラットに接していけば、最高の修業相手になってくれることでしょう。

受容性部下から見た拡散性上司

なんでこんなにやる気を引き出されるのか、ちょっと怖い

アイデアをどんどん思いつき、やりたいことには片っ端から手を付けたい拡散性上司から見ると、一番ありがたい部下がこの受容性部下です。やりっぱなしになりそうなことを、「お役に立てるなら」とばかりに、片っ端から拾ってくれます。

受容性部下も拡散性上司の得意技「丸投げ」に戸惑うことはあります。が、どんな難題も受け入れて、柔軟に関わっていきます。「やってもらえるかな、やり方は任せる」とい

う拡散性上司の態度は、受容性部下にとっては心地いいものです。「自分だからこそ、この人の役に立てている」という意識をくすぐってくれるからです。

しかも上下関係を自他共に気にしない拡散性上司は、部下に対しても基本的には人間同士としてフラットに接し、感謝の意を表すことをためらいません。「いろいろ大変だけれど、仕事を任せてくれるし、ありがとうとニッコリしてくれる。いい上司だよ」と思ってもらえているでしょう。

トップクラスの相性の良さ

「拡散性」が高い人は、興味あることが見つかった時のノリの良さと、興味が乗らない時のシラケっぷりの落差が激しい傾向があります。

一方、「受容性」が高い人はいつも能動的に動こうとします。「みんなのために」と考えるからです。これも拡散性上司にはありがたい気質です。

自分がガッと動いたときには、「お手伝いします」と率先して付いてくるし、静まり返っているときは「飲みに行きましょうよ」と気遣ってもくれる。自分のやりたいことを全力で支え、元気がなければ引っ張ってくれる、理想の部下です。相性も、相互の補完関係も、部下と上司すべての組み合わせの中でトップクラスでしょう。

あえて拡散性上司が受容性部下に対して注意しておきたいのは、上司側がその関係の楽さに溺れて、どんどん仕事を頼んでしまい、断れない受容性部下がパンクしてしまう危険があることです。しかも、拡散性上司は思い付きで動くので、自分が指示したことを平気で忘れていたりします。役に立とうと無理をして頑張って結果を出して持っていったら「あれ？　そんなこと言ったっけ」。こんなことになったら受容性部下は大ショックです。

指示は明確に、感謝を忘れずに

同じ話ですが、あいまいな指示についても要注意です。拡散性上司は、「面白いな」と言っただけでプロジェクトを始めてしまうようなところがあり、「その『面白いな』は指示ですか、指示じゃないんですか」と部下を困らせます。そして上司の役に立ちたい受容性部下は、指示のつもりではなかった「面白いな」を聞いて、先にあれこれ動き始めてしまう、そんなケースもあります。感謝は惜しまず、しかし部下がやりすぎないように、まず自分の言動に注意を払いましょう。

「拡散性」が高い人は自分のやりたいことを重視して、他人や周囲の動向に頓着しない、と58ページなどに書きましたが、これは言い換えれば「自分以外にあまり興味がない」ということでもあります。日ごろ振り回しても文句を言わずお世話してくれる受容性部下が潰れないように、気を配ってあげてください。

拡散性の上司を持った受容性の部下へのアドバイス

「受容性」の高いあなたは、拡散性上司とはすごくいい関係が築けます。

上司はあなたのファシリテーション能力を見抜いて、会議の進行や他部署と意見調整など、他人に揉まれながらスキルを伸ばせる仕事をどんどん与えてくれるでしょう。成長しつつ、役に立っている感も得られるので、無茶振りにも前向きに向かっていけると思います。あえて言えば、やる気が出すぎてオーバーワークになって、心身を壊さないことを心配すべきかもしれません。

上司が「ダメ拡散」（64ページ）の場合は話が変わってきますが、普通の会社ならばその手の人は、会社で人の上に立つ機会はそう与えられないと思います。万一出会ってしまったら、あなたの性格が禍して無意味な仕事で使い潰されかねません。ダメ拡散だと見抜いたら、役に立とうとする対象を他に見つけることが一番です。

拡散性部下から見た拡散性上司

息ぴったり！　でもここで成長できるのかちょっと不安になる

同じ因子が高い同質の人とはいい関係がつくりやすいのですが、拡散性上司と拡散性部下もまさにそれ。お互いに自分のやりたいことにしか興味がなく、しかも「面白い！」と思うことをやりたい、という相手の気持ちがよくわかる。互いに束縛を嫌うので、近づきすぎることもないでしょう。「つかず離れず」の、ほどよい距離を保ちやすいのです。

外から見ると「いい先輩、おもろい後輩」という感じでしょうか。どちらもマウントを取らないので、上下関係という感じがしません。上司側もあれこれ教えようとせず、部下も特に教わろうとしない。なのに不思議と息が合う。

「君たち、お笑い？」と聞きたくなる

上司が「こういう客先に行くんだけど、興味があれば来る？」。部下は「あ、面白そうだから行きたいです」と一緒に電車に乗り、そこでは「休日、何してんの」とか、日常の

四方山話に。ところがその話からピンときた上司が客先で「今日、お前が話してみる?」「え? いいんですか、じゃ、やります」と部下が食いつく。「保全性」が高い人が見たらそのいい加減さ、場当たりさに卒倒しかねないアドリブの連鎖ですが、これが不思議とうまくいく組み合わせなのです。

部下を「ダメ拡散」にしないで

しかし、この組み合わせで部下が若い場合、上司の側が気をつけねばならないことがあります。拡散性らしく自由闊達に動いてもらうのはいいのですが、仕事には職種や社風などによって、やはり最低限守らねばならない作法というか、「型」があります。拡散性上司は今の立場に至るまでに、それを学んできたはずですから、「自由にやるためにも、むしろ『型』は身につけておかないとダメなのだ」と、指導することが必要です。

「型」を身につけた上での話になりますが、64ページでも触れたように「拡散性」の高い人は、経験を通して仮説・検証を繰り返し、それによって経験の学びを概念化していきます。これが繰り返されてできてくるのが、自分なりの必勝法です。

いわゆる「守・破・離」のうち、「守」が最初の「型」に当たり、経験を通して型にはまらない「破」に達し、いくつもの経験を統合して概念化すると「離」、自分だけの戦い方が生まれる、そんなイメージです。これがないと、ただ気まぐれにあちこちを動き回って何も自分の中に残らない「ダメ拡散」になってしまいます。

拡散性上司は部下が経験を通して「概念化」したかどうかを、仕事を通した〝壁打ち〟をしながら確認し、気づかせていきます。同質なので、意図が素直に伝わりやすく、またとない部下の導き手になります。

拡散性の上司を持った拡散性の部下へのアドバイス

拡散性上司は基本的に「自ら学ぶ」ことが前提と考えていますので、手取り足取りの指導はしません。部下のあなたは、上司の問答や言動から気づいていくしかありません。学ぶ側のセンスに依存してしまう可能性はあります。あなたが食らいついていけば、興味を持って引き上げてくれる存在です。

「興味があれば何事もやってみる」という「拡散性」の高い人は、逆に言うと「やらないと分からない」人でもあります。「保全性」の高い人が、知識と体系化で理解することを、自分でやってみることで代替している、ということでしょう。「やりたい」と言えば、ダメとはまず言わない拡散性上司は、あなたの興味に沿って多様な経験をさせてくれる素敵な存在です。おそらく話も合うし、派閥もつくらないのであなたを縛ろうともしないでしょう。ただしその分「こいつを育てよう」とも、あまり思わないきらいがあります。

自分の好きなようにやりたいあなたは「それで結構」と思うかもしれませんが、せっかく先達がいて、しかもあなたと好みが合うのですから、育ててもらわない手はありません。まずは、日ごろ邪魔にしか思えない「型」へのラクなハマり方（できる上司なら間違いなく知っています）を盗むことから始めて、徐々に先輩に投げかけて、概念化の奥義をつかめるまで壁打ちを続けましょう。

自分も出世した暁には、拡散性部下を同じように育てることをお忘れなく。

弁別性部下から見た拡散性上司

「面白さ」で仕事しないでもらいたいよね

100ページで「弁別性部下×保全性上司」を説明しました。「保全性」と「拡散性」は対照的な気質ですが、共通するのは情動、気持ち、好き嫌いで動くこと。一方、「弁別性」は費用対効果でやる意味があるかないかを白黒スパっと判定する個性。ここの違いが、保全性上司と、拡散性上司と、弁別性部下の間の溝につながります。

保全性上司の場合は、自らの仲間に入れようとする〝囲い込み〟を、弁別性部下は意図がわからず無視する、という形になりますが、幸いなことに「仕事上の関係だけだ」とドライに割りきれば、業務には差し支えはあまりありません。

しかし拡散性上司の場合は問題が生じます。「面白い！」が人生の、仕事のモチベーションなので、人にも「面白いからやろう」という持ちかけ方をしがち。

ところがこれは弁別性部下には全然響きません。また、受容性部下のところで触れたとおり、自分の興味で動く拡散性上司は指示があいまいで「これこれをこういうふうにいつまでにやろう」という物言いをせず「面白いよね？」で指示したつもりになったりします。本当に「面白いよね」だけのこともあるので部下にとっては厄介です。

白黒はっきりが人生のモットーの「弁別性」が高い部下の場合には、こんな指示は理解不能です。理由も分からず、合理性の説明もなく、仕事に必須の日程や目標数値の指示もない。「ああ、これは仕事の話ではないんだな」と、自分で判断してしまいます。

しばらくして拡散性上司が「あれ、どうなった？」と聞いてきたら「仕事の指示とは思えなかったので、何もやっていません」と顔色も変えずに答えたり。拡散性上司は「なんだそれ？　やる気がないならいいよ、自分でやるから」と、さっさと見切ってしまう。

しかし、これは拡散性上司の側に明らかに問題があります。自分の情動で動きたい、動かないなら自分でやる、と思っても、立場が上がってくれば他人も動いてもらわないと仕事になりません。

詰めの甘さを改める練習と思って

弁別性部下は、「気持ちでは動かない人を動かす方法を覚えないと、組織の中で先はないよ」と、拡散性上司に教えてくれる存在ともいえます。

面白いという言葉をグッと抑え、獲得したい市場や収益の見込みなどを数字を交えて話してみましょう。それでも弁別性部下は「いや、そこは話に飛躍がありますよ」などと冷静に突っ込んでくることでしょう。

でも、それは受け容れてください。反感ゆえではなく、合理で考えると矛盾がある、と言っているだけです。一度「なるほど」と納得すれば、今までの態度が嘘のようにバリバリ仕事を始めますし、詰めの甘い拡散性上司が見逃しているリスクを教えてもくれます。特徴を理解すれば、大変心強い部下になるのです。

実は、他の因子が高い人は「拡散性」が高い人を「あれでよく仕事が回るものだ」と、多かれ少なかれ思っているはずです。思い付きと自在さである程度までは行けます。しかし、いずれはどうしても、自分の好きなこと、やりたいことを「伝わる言葉にする」「数字で説明する」能力が必要になります。そこを鍛える貴重な機会と思って、弁別性部下から逃げずに付き合っていってください。

拡散性の上司を持った弁別性の部下へのアドバイス

拡散性上司に接したあなたは「この人が上司になれるってどういう会社なんだ」と、衝撃を受けるかもしれません。ロジックより興味優先、話は飛躍し、数字の見通しはあいまい。二言目には「面白いよね」。会社とは、仕事とは、そういうものではないのでは……と、クールなあなたも突っ込みたくなる場面も多そうです。でも安心してください。そう思っているのはあなただけではありません。おそらく「拡散性」が低めの人全員です。

あなたが動くには「面白さ」よりも、前提条件や情報が必要です。データを入手し、合理的に判断し、ＧｏかＮｏＧｏか判断ができて、初めて動く（動かない）という確信が持てる。それが「弁別性」が高い人です。

拡散性上司がそこを理解してくれれば働きやすくなりますし、あなたにとっても「気持ちで動く人」の事例と成功（失敗）パターンを直《じか》に知ることで、一皮剥《む》けるチャンスになります。なんといっても日本社会には、情動や感情で動く人が圧倒的に多い（情動＝保全性と拡散性、感情＝受容性）ので、合理で動くあなたにとっては、彼らを理解することで将来の仕事の幅が大きく広がります。

弁別性部下が洗練・成熟していくために一番大切なのは、「データや計算では未来はつくれない」と実感する経験です。拡散性上司の「面白い」のネタの中には、理屈では到達できない直観によるものもあります。貴重な機会を得られるかも、と期待して付き合っていきましょう。そしてあなたのほうからも「自分にとっては数字なり事例なり、具体的なお話で説明していただくほうが分かりやすいのですが」くらいのアプローチはしてもいいと思います。それは、上司を伸ばすことにつながりますから。

凝縮性部下から見た拡散性上司

猛烈な変革パワー、あるいはお互い我関せず

凝縮性の部下は、拡散性上司にとっては閻魔様の鏡（浄玻璃《じょうはり》の鏡ともいい、生前の善悪の行いがすべて映る）のような存在です。

凝縮性部下は自分の好き嫌い、他人からどう見られるか、組織内のローカルルール、もろもろを超えて「人としてどうか」を問うてきます。上司だろうと「それは人としておかしい、ダメ」と判断すれば、言うことを聞きません。高圧的に出れば逆襲も辞さない。この辺りの難しさは96ページの「凝縮性部下×保全性上司」で触れたとおりです。

詰まるところ、凝縮性部下は上下関係よりも「人間として尊敬できる」「できない」で、従うかどうかを決めています。もし「尊敬できる」と判断したらとことん付いていきます。拡散性上司は自由に動き回り、組織のルールを時として無視しますが、一度尊敬した凝縮性部下は「それは、あの人のやりたいこと、やるべきことに対して、この会社の考え方が小さすぎるからだよね」くらいに考えてくれます。

アイデアの拡散性、実行の凝縮性

そして、拡散性上司と凝縮性部下の組み合わせはものすごい突破力を生みます。「社会を変えたい」といった強い意志を持ちながら、具体的な方法を思いつけない凝縮性部下は、拡散性上司の湧き出るアイデアの中から自分の信念につながるものを見つけたら、「これだ！　それ、自分がやります！」と名乗りを上げ、課題も障害もなぎ倒して実現につなげていくのです。

「面白さ」で動く「拡散性」の高い人は、ポジションが上がるにつれ、自分のアイデアになんらかの公共性、社会性を持たせることが重要になり、先に触れたようにそれを説明する言葉を磨く必要も出てきます。こうして成長を遂げた拡散性上司のアイデアに、一番強く反応するのが凝縮性部下、といえるでしょう。

尊敬できない、と判断された場合にも触れておくと、それでも「凝縮性部下×保全性上司」ほどシリアスな状況にはなりません。テリトリーを守りたい、上下関係を維持したい、といった気持ちが拡散性上司にはほぼないので「やりたくありません」という凝縮性部下にも「じゃあ、またにしよう。もし興味出たらやってよ」と軽くあきらめるためです。「上司だから、部下だから」という関係性へのこだわりの薄さがいいほうに利きます。

拡散性の上司を持った弁別性の部下へのアドバイス

「こうあるべき」にこだわる「凝縮性」が高い人は、そのこだわりの強さが影響して、視野を広げていくことが得意ではありません。

自分の考え方にこだわるあまり、背景や領域への理解が小さいままでは、どうしても影響力も社会性も広がらない。そこを広げてくれるのが、あなたが〝尊敬できる〟拡散性上司です。世の中をよくしたいと思っている、しかし「ではどうすべきか」という方法論に関して、まだしっかりした考えが持てていないあなたに、壮大なアイデアをもたらしてくれる存在になります。

「拡散性」が高い人は発想が飛躍して突飛なアイデアを出します。しかも「オンリーワン」「まだ誰もやったことがない」ことに強く惹かれます。一方で世間の常識や社内の目にはこだわりません。凝縮性部下のあなたが心を痛めていた社会の矛盾を、これまで誰も思いつかなかった方法で解決し、しかもビジネスとしても成り立つ。そんなスキームを編み出してくる人がいるとしたら、おそらく拡散性上司でしょう。両者の興味・関心がシンクロすると、それこそ社会を変えるような力が生み出されます。

〝尊敬できる〟拡散性上司との仕事は、自分の信念をどうやって語れば社会に伝わるのか、を学び、成長する機会です。幸運に恵まれてそんな上司に出会えたら、世のため人のため会社のため、アクセル全開で突っ走ってください。

拡散性が苦手な積み重ねの方法をフィリップに学ぶ

「拡散性」が高い人気キャラといえばなんといってもヒビト、そして超個性派バイプレーヤーの紫三世など、事欠きません。しかし、「ダメ拡散」のところ（64ページ）でも触れましたが、彼らが組織の中で評価されているのは本人が努力を重ねた結果です。そして努力の積み重ねは、残念ながら「拡散性」が高い人の得意科目ではありません。

「拡散性」の高い初心の人に努力させるなら、FFS理論のセオリーでは同質の先輩です。NASAの飛行教官、デニール・ヤング（詳しくは『強み』の第2章の「『無茶振り、丸投げ上司』に出会ってしまった！」で）とヒビトの関係です。ただ、デニールほどの先生がいなくても、「面白い」と思えば積み重ねもこなせるはず。ここでは、「ジョーカーズ」きってのジョーカー、フィリップに登場してもらいましょう。バギーのパーツ名の暗記にまったくやる気を見せない彼ですが、このあとアンディ・タイラーにミュージシャンの名前と紐付ける覚え方を教えてもらって、完璧に記憶します。努力の方法を教えるのが「保全性」が高いアンディというところが、個人的には「さすが小山先生」と思わされました。

なんつーんだ
フィリップ？
ムッタが
指してる
あの部分
あ――
そこね！
懐かしい
な〰
そこ！
えーと
もうここまで
出てんだけどね
ちょっと
ど忘れした
……
また
ど忘れか
便利な
言葉！
「ど忘れ」
つっとけば
〝本当は
知ってます感〟
出せるもんね

21巻　#205「失敗覚悟で」

第４章

「受容性上司」と部下との関係性

「すごく優しい人！
でも誰にでもいい顔しすぎだよね」

「受容性上司」のあなたは部下からこう見えている

＼ 仕事の場で見える受容性の特徴 ／

特徴が強みとして発揮された場合の評価

▼役に立ちたいと積極的に動く→**面倒見がいい**

▼皆のアイデアを実現してあげたい→**支援してくれる、優しい**

▼相手のことを柔軟に受け容れる→**相手に合わせたコーチングができる**

▼「なるほど」「一理ある」とうなずく→**場の空気を良くしてくれる**

特徴が裏目に出た場合の評価

▼役に立ちたいと積極的に動く→**お節介、介入してくる（相手の役に立てない場合、「どうせ自分なんて…」と自虐的に）**

▼皆のアイデアを実現してあげたい→**一つに決められない、優柔不断**

▼相手のことを柔軟に受け容れる→**答えを求めているのに出せない、無責任**

▼「なるほど」「一理ある」とうなずく→**なあなあになり、話が深まらない**

拡散性部下から見た受容性上司

距離近すぎ、ちょっと放っておいてくれないかな

すぐ新しいことを思いつく拡散性部下にとって、なんでも面白そうに話を聞いてくれる受容性の上司はとてもありがたい存在です。

部下を動機付けして引っぱるのが得意な受容性上司は、拡散性部下にテーマを投げかけたり、アイデアに事業や社会的意義をプラスしてあげて、一段上のステージに上らせてくれます。保全性上司の下などにいて息が詰まる思いをした経験がある拡散性部下にとっては、「やっと自分をわかってくれる人に出会えた！」くらいの感動を覚えるかもしれません。そこで止まれば両者にとってハッピーな関係性です。

拡散性部下にとって受容性上司は、最初の印象が相当いいので懐いてきます。そこでつい上司が「かわいいやつ」と暴走してしまうと嫌われます。

受容性上司が注意せねばならないのは、うれしそうな拡散性部下をもっともっと喜ばせたい、と欲を出して、ついついお節介モードに入ってしまいがちなこと。「あの件、××社の人が興味持ってくれたから、つないでおいたよ」と、あくまで本人は善意で部下に先

回りして動いてしまったりします。すると、自分の思いどおりに進めたい拡散性部下から「自分の仕事なのに、余計なお世話だなあ……」と反発されてしまいます。

「受容性」の高い人は、つい人の面倒を見てしまう。まして上司であれば部下のために、あれもこれもと世話を焼きたくなります。そして、人間ですからそこには「自分が役に立っている」というウエットな実感が欲しい。相手に「ありがとう」と認められれば、「よかれ」と思って、もっと役立とうと、どんどん介入してしまうものです。

これは全然卑しいことではなく普通のことですが、相手には「あなたのためだから」という行為に感じられます。そして「押しつけがましい、うざったい人」と見られてしまう。これはとてももったいない。

（「受容性」が第1因子の人が「受容性上司」ですが、5ページで触れたように第二因子、第三因子の影響も受けますので、例えば合理性志向の弁別性が第二因子、といった形でバランスが取れることもあります。一方、もしあなたが他の因子より飛び抜けて受容性が高いようならば、他人に好意の押し売りをしていないかどうか、特に気をつけてください）

上司となったからには、あらかじめ「自分にそうしたウエットなところがある」と自覚して、「もっとやってあげたい。だけど本人のために我慢しておくか」と、部下とほどよい距離を取ることが重要です。自分が役に立っていることを確認したくなる気持ちはわかりますが、部下から好意の押し売りと受け取られないようにぐっとこらえましょう。

こうしたことは受容性上司がどのタイプの部下に接する際にも共通の注意点ですが、特に拡散性部下は、自分が「面白い」と思えることがほぼすべてですから、お節介は本気でノーサンキューです。

じゃ、何をしてあげられるのか。アイデアに対してはアイデアで投げ返してあげるのが一番で、「そういうことを考えてるならこの本読んでみたら」くらいがいいでしょう。

「かまわないほうがいい」ことを学ぶ機会に

もう一つ、受容性上司の博愛精神が、拡散性部下のアイデアのとんがった部分を丸めてしまうこともよく起こります。他の部下からのアイデアも熱心に聞くので「ああ、それもアリだね、じゃあ、一緒にやるのもいいんじゃないかな」といった具合に、全員が関わってそれぞれが喜ぶような折衷案を作ろうとするためです。

社会人ならばもうお分かりのとおり、全員の案のいいところ取りをしようとすると、たいていエッジの利かない凡庸なプランになります。「みんなの意見を吸い上げたぞ」と受容性上司は満足げですが「自分の案でやりたかったところが全部消されてしまった」と、拡散性部下も、そしておそらくそれ以外の部下も、全員興ざめになっています。

ここまでで見てきたとおり「受容性」が高い人は、自分が動いて全員を幸せにしようとして、仕事を抱え込みすぎる傾向があります。基本的に放っておいてもらいたい拡散性部下は受容性上司にとっては世話のしがいがない相手でもありますが、言い換えれば、上司である自分が負荷を抱え込まないほうが喜んでくれる、貴重な部下でもあります。

上司になったら、部下を成長させるためにあえて失敗を見守る、という芸も必要です。そして、拡散性部下は自分の好きにやっている限り、失敗してもめげません。受容性上司が「中には放って置いたほうがいいヤツもいるのか」と気づくきっかけとして、役立ってくれます。

受容性の上司を持った拡散性の部下へのアドバイス

お母さんじゃないんだから……と、受容性の上司の過干渉に頭を抱えている拡散性部下のあなた。人のことはどうでもいいタイプの「拡散性」が高い人には理解しにくいかもしれませんが、受容性上司は好意からどんどん余計なお世話を繰り出してくる人なのです。

好意ということはわかるだけになかなか言いにくいと思いますが、きちんとフィードバックするところから始めましょう。「もうここはオーケーです。ありがとうございました。何かまた、情報があったら教えてください」と、面倒を見たい気持ちをとりあえず満足させ、矛先《ほこさき》を邪魔にならないところにうまく変えてあげるのです。基本的に話しにくい相手ではないはずなので、自分が何をしてほしくて、何をしてほしくないのか、面倒ですがちゃんと伝えましょう。多少匂わせたくらいでは、「まだお世話が足りなかったかな」と、ますます距離を詰めてきかねません。

保全性部下から見た受容性上司

いい加減決めてくれないと、準備が間に合わないよ

「保全性」が一番高い因子（第一因子）である人は、「受容性」が高い人の次に日本で多いので、受容性上司と保全性部下、という組み合わせはよくあるケースでしょう。「保全性」が高い人は、積み重ねと手順を大事にします。抜け・漏れがないようしっかり準備し、ルートを決めたら、ひたすら一歩一歩前進して頂上を目指します。

周りに配慮する「受容性」と並んで、とても日本人っぽい性格なので、一見、上司と部下としての相性もよさそうな気がしますが、意外に難しい場合もあるのです。

これは、受容性上司が物事をはっきり決めたがらないことから来ます。面倒見がいいので、まず全員の意見を聞きたい。ここまではいいのですが「みんなのやりたいことをやって、みんなを幸せにしたい」という気持ちが強すぎると、「あれもいいし、これもいい」と、決められない。

「保全性」が高い人は、物事を始める前に十分な準備を行いたいので、いつまでも先が見えない状態が苦手です。そんな保全性部下に受容性上司は「君は本当は何がやりたいの?」と悪気なく聞いてきたりします。「いや、別に課長がやれと言えばなんでもやりますが」「いやいや、君の気持ちもくみ取っておきたいんだよね」。これをいつまでも全員とやっているので、なかなか動きだせません。

「あなたが何をやるかはっきりと決めてください。決めてくれれば、自分はやれるんです」——これが保全性部下の心の声なのです。

余計な仕事を引き寄せる困った上司

時間に余裕があるうちはまだいいのですが、だんだん締め切りが近づいてくると、準備に万全を期したい保全性部下は、これでは間に合わないと不安になってきます。それでもようやく決まって安心して段取りを始めたら、受容性上司に新しい提案をしてくる人がいて、また巻き戻しになったりします。「仕方がない、2つの案の準備を並行してやっておこう」と、保全性部下は残業を増やす羽目になります。

……話を盛っているように思われそうですが、受容性が高い課長さんがいる部署の残業時間が多いというデータは、実際に調査で出ています。

この調査の対象は受注型の企業で、クライアントの要望が断りにくい状況でした。ただでさえ手戻りが発生する確率は高く、その中でも受容性上司のいる部署では「なんとかしましょう」と引き受けてしまう可能性が高いため、と考えられます。

断らない部署は「なんでも課」と化し、同じ社内からも余分な仕事が回ってきたりします。こうなると保全性部下は、「人がいいのも分かるけれど、もうちょっとしっかりしてもらいたいな」と不満を募らせます。準備に命を懸ける保全性部下には、同じ目的のプランが並走したり、一度決まったことが覆されるのは、「ちゃんと準備する時間がないかもしれない」というだけでも不安をかき立てられます。誰でも手戻り、二度手間はイヤですが、「保全性」が高い人は準備を慎重に積み重ねていく分、それが無駄になることは大変なダメージになるのです。

目の前の人の希望を叶えてあげることは、「受容性」が高い人にとっては生きていく価値の大きな部分を占めます。しかし、それが「余計な仕事ばかり増える」と、保全性部下の仕事へのモチベーションを破壊することにつながる可能性もあるわけです。

これはもう、どこかで線を引いて、決めるしかありません。立場のある人間が逡巡していると、関わる人間がすべて不幸になってしまいます。

腹を括《くく》って決めるには、自分なりの考え方を固めることが必要です。目の前の人も大事ですが、その先の顧客を幸せにできることのほうが、より大きな喜びがあるし、関わった人間もさらに幸せになれる、例えばそう考えてみることです。それによって、あなたにとって最も望ましい決定方法である「全員一致」を目指すのです。

そのためにはファシリテーション能力が必要です。全員の真意をより深く聞き出すことで、「それを実現したい」と合意できる目標を掲げて、全員が「ＧＯ」と言える状況をつくりだす。それが受容性上司のマネジメントの理想型です。

受容性の上司を持った保全性の部下へのアドバイス

早く着手したいのに決めない受容性上司にイライラする。とはいえ、それ以外には大きな不満もなく、事情を話せばちゃんと聞いてくれる人でもあるでしょう。プライベート面にも気を配りますから、「早く始めておかないと、家庭での子育ての時間が取れなくなる」とか、制約条件を説明して決断を促すのも手ではあります。「情」には脆《もろ》いはずです。

経験知が高い保全性部下のあなたなら、落としどころを読んで結論が出る前に着手、というやり方もあります。しかし、確実ではないので二度手間になる恐れがあるのが辛《つら》いところ。いっそ開き直って、あなたが根回しして回り、上司の大好きな「全員一致」を演出してしまう、というのはどうでしょうか。

受容性部下から見た受容性上司

「いいね」しかない優しい世界、トリコになってしまいそう

他人の笑顔のために頑張る「受容性」が高い人同士の組み合わせ。基本的に同じタイプならば相性はいいのですが、受容性上司と受容性部下は、中でもお互い、本当にやりやすいペアです。関係としては最高かもしれません。「いいね」「いいですよね」「ありがとう」「こちらこそ」と、褒めて褒められて、の「いいね合戦」の様相すら呈します。

ちょっと皮肉に聞こえたとしたら、実はそのとおりです。居心地はいいのですが、それゆえに、結果的に「なあなあ」の関係になるリスクがあります。

なあなあ問題は、できていることが低いレベルでも、つい「いいね」と言ってしまうことで発生します。評価がめちゃくちゃ甘々になってしまう。ということは、部下のほうがダメージが大きい。何をしても褒められ「これでいいんだな」と思ってしまえば成長はありません。ハードルが低すぎて能力を伸ばせなくなってしまうわけです。

過剰な優しさが成長機会を奪いまくる

しかも、受容性上司は部下の仕事に手を出すのが大好き。「大変だから自分がやってあげよう」としゃしゃり出てしまいます。これでは成長の機会を奪っているのも同然です。一方、受容性部下もそれを自分にとってのリスクと認識できずに「居心地がいい、素敵な職場、いい上司だな」と受け止めてしまいやすい。自分が感謝を示せば、この上司はニコニコでさらに面倒を見てくれますからね。

優しすぎる上司は、部下の成長機会を奪ってしまいます。経験を積んでいる受容性上司ならばそれを知っていて、部下のためにあえて手を出さないように自分の気持ちをぐっと抑えます。能力は自分の経験で磨くしかないから「見守る」のです。しかし、特に新任で管理職になった人は、見守りができずに手を出してしまいやすいので要注意です。

部下のほうも自分が役立てているかが重要ですから、上司の積極的な関わり方は「良かった」と思いがち。周囲から見れば、学びの機会が失われているかもしれないと心配になりますが、本人は上司が嬉しそうならそれでいい、と考えてしまうのです。

他人の役に立ちたい「受容性」が高い人は、自分ではない誰か身近な人の夢を実現することが「自分の夢」になります。その夢を自分の欲求でつぶすようなことは本来はしてはいけないし、したいことでもないはずです。

「身近な人を幸せにしたい」から始めるのはとても受容性上司らしいことなのですが、そこを基点に視点をどれだけ広く、高くできるかが、上司としての能力に大きくつながっていきます。それは、あなたの大切なチームの人々の夢の実現にもつながっているのです。

受容性部下の場合は特に、「手伝いたい」と思ったら、「見守る手もある」ことを思い出してください。

受容性の上司を持った受容性の部下へのアドバイス

もしも受容性部下のあなたが受容性上司に対して、「甘やかされている」と感じたら、自分に似ているから仕方ないと思うしかありません。人間関係的な悩みはほぼないでしょうし、そこに安住するのは楽です。でも、このままでは困りますよね。

まず、メリットから。似ている関係でのメリットは、そばにいると上司の良いところが真似《まね》しやすいので、自然に身につくことです。特に上司のファシリテーション能力は、この機会に会得しておきましょう。

もっと鍛えられたいと志すなら、無茶振りを恐れない拡散性上司（114ページ）や凝縮性上司（184ページ）のほうが、つらいけれど能力が伸びる可能性は高いでしょう。異動が現実的に難しい場合でも、部署合同のプロジェクトや社内外のグループなどに積極的に参加して、持ち前の面倒見の良さで人脈を広げ、成長の機会を窺《うかが》うのがお勧めです。

凝縮性部下から見た受容性上司

その優しさは本物なのですか？ と突っ込みたくなる

「受容性」と「凝縮性」は、本来は優しさと強さで補完する関係。けれども、受容性上司から見た凝縮性部下は怖い存在です。

130ページで「凝縮性部下は拡散性上司にとって閻魔様の鏡」と言いましたが、受容性上司にとっては、自分の最大の武器であり、また自分の行動原理でもある「他人のためになりたい」が、〝本物〟かどうかを試されるのが、凝縮性部下なのです。

例えば受容性上司が、凝縮性部下が大事にしている考え方（部下にとっての「正義」）に対して、それを評価すれば喜ぶだろうと「いや、君の考え方は分かるよ、応援するよ」と言っても、「ありがとうございました」は礼儀上言うけれども、「いざというときに、本当に正義を貫いて自分を応援してくれるかな、どうだろう」と心の中では思っています。

仕事の現場では二律背反は日常茶飯事です。そんな状況でも受容性上司は相手の気持ちを慮って、「それはいいね」と、その場しのぎの物言いをしがち。受容性が持つ高いファシリテーション能力のダークサイド、といいますか、対立している相手がどちらもなんとなく納得してしまうような、バランス取りがうまいのです。しかし、これは論点を深掘りしてアイデアを探すのとは違い、解決に至る道ではありません。単なる先送りです。

でも、言い方がうまいのでたいてい切り抜けられるため、本人は「これでいける」と、誰にでもその場その場で心地よい対応を繰り返す。そのうちに、「正義とは」をすり合わせる本質的な議論をあと回しにするクセが付いてしまいます。

自分の信念を大事にする凝縮性部下は、言葉と振る舞いのズレに敏感に気づきます。「君がやるべきことと思うことを具現化しよう」と受容性上司に言われて、それならと始めてみた。そうしたら、凝縮性部下の仕事の進め方のラディカルさに客先からクレームが入り、客先にもいい顔をしたい受容性上司は「これは困るんだけど」とあとから制約をつけてしまう。凝縮性部下は「ああ、この人の言う『信頼する、任せる』は口先だけなんだな」と気づき、見切られてしまうのです。

受容性上司と凝縮性部下の一番いい関係は「わかった、君がすべきと思っていることをしなさい。私がそれを支えます。失敗しても私が全部責任を取りましょう」と、口先だけではなく全幅の信頼をしてあげることです。受容性上司の覚悟が「本物」だと凝縮性部下が認識して、初めて優しさと強さの補完関係が機能します。

部下が「こうすべきだ」と信じることを実現するために、オーナー的な形で権限を委譲する。だけど責任は自分が全部取ってやる。これこそが本当のサーバントリーダーシップです。上司側に相当の懐の深さが必要だけど、あなたはそれができる人間なのか？　と、受容性上司は問われるわけです。口先だけの優しさの人には「すべてをください」「分かった、あげよう」という、腹の据わった決断はできません。

「受容性」が高い人が、ただの愛想よしではない本物のリーダーになっていくには、できるだけ若い頃に「自らの正義を振りかざす凝縮性上司」との仕事を通じて、こだわりをブレずに突き詰める〝本質〟が持つ強さ、重要性を味わうことです。確実に振り回されるでしょうが、対立を恐れず貫くことの価値がわかり、凝縮性の突破力の凄さが理解できます。

そして部下に凝縮性を持ったなら、覚悟を決めて任せきる。これを経験することで、受容性上司はリーダーとして一皮剥けるはずです。

受容性の上司を持った凝縮性の部下へのアドバイス

「口ではどうとでも言える」が、おそらく凝縮性部下から受容性上司を見たときの第一印象でしょう。そのイメージは当たっていることも多いのですが、中には本当にあなたを信じて任せてくれる強者の受容性上司も必ず存在します。

いろいろなタイプの上司がいるなかで、本当にとことんあなたを信じて面倒を見てくれるのは、おそらく受容性上司です。向こうから距離を縮めてくるはずですので、仕事と会話を通して、本当に覚悟を決めるタイプなのか、誰にでも愛想を振りまいているだけなのかを見極めましょう。

部下にとっては「上司を成功させる」のが立場としての正義です。一方で、あなたにはあなたの譲れない正義があるでしょう。「凝縮性」が高い人は「自分の正義」が「一般の人の正義と同じとは限らない」ことを学び、その上で自分を理解してもらい、共感してもらう必要があります。そうしなければ組織で活躍することは難しい。受容性上司と会話をしていくことは、その学びの第一歩としては決して悪くありません。

弁別性部下から見た受容性上司

気配りもいいですけど、まず仕事進めましょうよ

受容性上司から見たら、弁別性部下は「なんとかして育ててあげたい」と思いつつ、「煮ても焼いても食えないやつ」と思っていたりもします。

「弁別性」が高い人は「それって意味あるんですか」とよく言います。これはケンカを売っているのではなく、ムダなことをしたくない特性なので、本当に言葉どおりの意味で確認しているのですが、なんともかわいげがない。

ところが受容性上司はかわいげがない子ほど気になるので、世話を焼こうとするのです。でも、弁別性部下からは反応がない。そうなると受容性上司はさらに距離を縮めていく。弁別性部下は我慢の限界に達して、ますます反応しなくなり、機械的な応答だけするようになったりします。上司も部下も、お互いにストレスを受けやすい関係性です。

「受容性」が高い人は人の喜びが自分の幸せなので、貢献しようとしますが、何をやってもいっこうに幸せそうに見えないのが弁別性部下です。「弁別性」が高い人は合理的に物

事を考えたいので、必要以上の介入は仕事の邪魔であり、かつ部の仕事が滞りかねないまでに自分に干渉してくる受容性上司の行動は、まさしく「ムダ」にしか見えない。と、難しい組み合わせなので、受容性上司はとにかく関わり合いたい気持ちを我慢しましょう……というのではあまりに工夫がないですね。実は、弁別性部下を扱うのが難しいのは、保全性、拡散性、受容性の因子が高い人にとっては、合理で動く弁別性のスイッチの入れ方が分かりにくいためです。

弁別性部下のスイッチを入れるには

本質を知ることによって相手が育っていくのであれば、それは受容性にとってやりがいがあります。弁別性部下の振る舞いを観察して、仕事を遂行するためにどう伝えればいいのかを学びましょう。「弁別性」の高い人は、「なるほど、理屈だ」と思えば、今までの考え方をさっと改めるので、いい意味でやりやすい相手です。思い入れ、気持ち、過去の経緯に囚われず、シンプルに反応してくれます。弁別性部下が思う、理にかなうやり方さえ理解すればいいのです。

具体的にはどういうやり方でしょうか。受容性上司が好む「気持ち」とか「やりがい」

という表現は、弁別性部下にはあまり刺さらないでしょう。

キーワードは「客観的事実」「定量的データ」「ムダなく」。

「市場リサーチの数字から分析すると、これとこれをこうすることが、一番確度が高いと僕は思う。あなたは?」こういう聞き方、問いかけが弁別性部下の最も好む「仕事の会話」です。「そうですね。同意します」「いや、それならこっちのほうが効果は出ると思いますよ」と返事が来たところで、「そうか、じゃあ、それを頼む」と言えばいいのです。

一見、取っつきが悪いし付き合いづらい。でもスイッチの押し方さえ間違えなければ確実にコミュニケーションが取れる。むしろ一番分かりやすい相手なので、持ち前のサービス精神で「弁別性部下が一番好むビジネス会話」を身につけて、相手をしてあげましょう。

受容性の上司を持った弁別性の部下へのアドバイス

距離を詰めてくるところは別として、弁別性部下のあなたが受容性上司に対して、仕事の進め方で一番納得できないと思っているのは、「タイミングを逃がす、効率が落ちる」ことではないでしょうか。

数字をベースにはっきり白黒は付いているはずの件でも、受容性上司は「全員の意見を聞きたい、ちょっと来週まで考えよう」と言い出します。タイミングはずれるし、全員の意見のバランスを取って調整すると間違いなく効率は落ちます。これはイライラするでしょうし、「成功確率が下がる」と思うかもしれません。

そう感じた弁別性部下に起こりがちなのは、「やってもムダだからやらない」という心理です。提案してもどうせ反映されない、意見を言うだけムダだ、という気持ち、これはもっともですが、会社組織の中では大きなマイナス評価につながります。

本当に優秀な弁別性部下は、こういう場合、むしろ受容性上司に近寄っていきます。距離を詰めて、数字で説得して、煮え切らない上司に決断を促すのです。あまり寄っていくと過干渉が発動しそうなのが気になるところですが、離れようとするから受容性上司はぐいぐい来るわけで、慕い寄っていけば安心して落ち着いてくれます。

成熟した弁別性部下は、〝ピエロ〟を演じることができます。茶番劇のようにも見えますが、数字と一緒に受容性が最も喜ぶ「あなたのおかげでこんなに成果が」という言葉をちりばめ、気持ちをくすぐりながら行動の自由を得て、あなたが好む効率的なやり方で仕事を実行していく。「演じることでムダが減って効率が上がるならそれでよし」という、一段高い合理にたどり着いた弁別性はビジネスパーソンとしてめちゃくちゃ強くなります。その練習台として、基本的に甘い受容性上司はちょうどいいかもしれません。

押されると弱い「受容性」の高さがちょっと心配になるバトラー

「受容性」が高い上司は部下から愛されるが優柔不断、と説明しました。ここで取り上げるNASAの宇宙飛行士室長、ジェーソン・バトラーも受容性が高いキャラクターです。でも、宇宙飛行士にミッションの辞令を出す立場の彼は非情な決断も下さねばなりません。彼がこの仕事を遂行できるのは、「弁別性」も同じくらい高いからでしょう。「受容性」が第一因子ならば、まず「やらせてあげたい」と受け止め、その上で「弁別性」で合理的に見てどうかを考えます。逆ならまず合理性で判断し、その上で温かく対応します。

バトラーの第一因子は受容性か弁別性か。宇宙飛行士にミッション採用の電話を入れるのを何よりも楽しみにしているところから推して、前者の可能性が高そうです。月ミッションに採用されたいムッタが、バトラーが好きな曲技飛行「バーティカルクライムロール」で売り込んできたときも、思わずほだされていました。ただ、そのあとでムッタがせりかに見せようと空に描いたハートマークを見て、自分への愛の告白と誤解して思いっきり動揺していた様子は、第一因子はどうあれ上司としていささか心配ですよね（笑）。

第4章 「受容性上司」と部下との関係性 「すごく優しい人！でも誰にでもいい顔しすぎだよね」

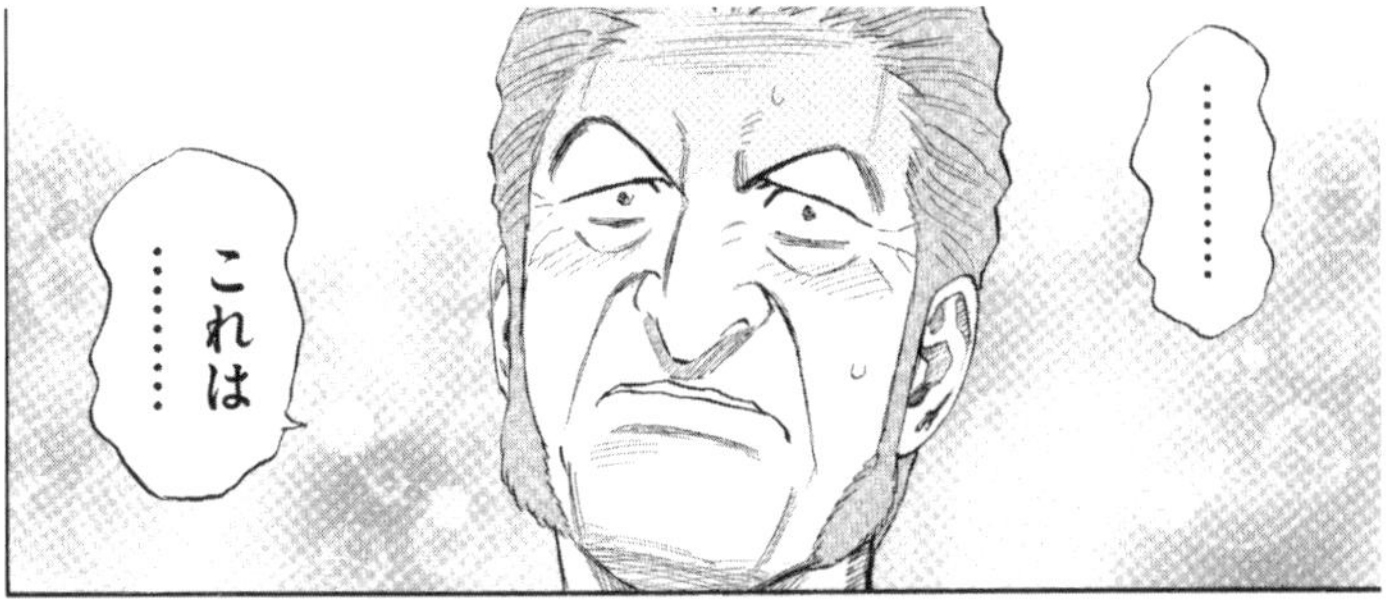

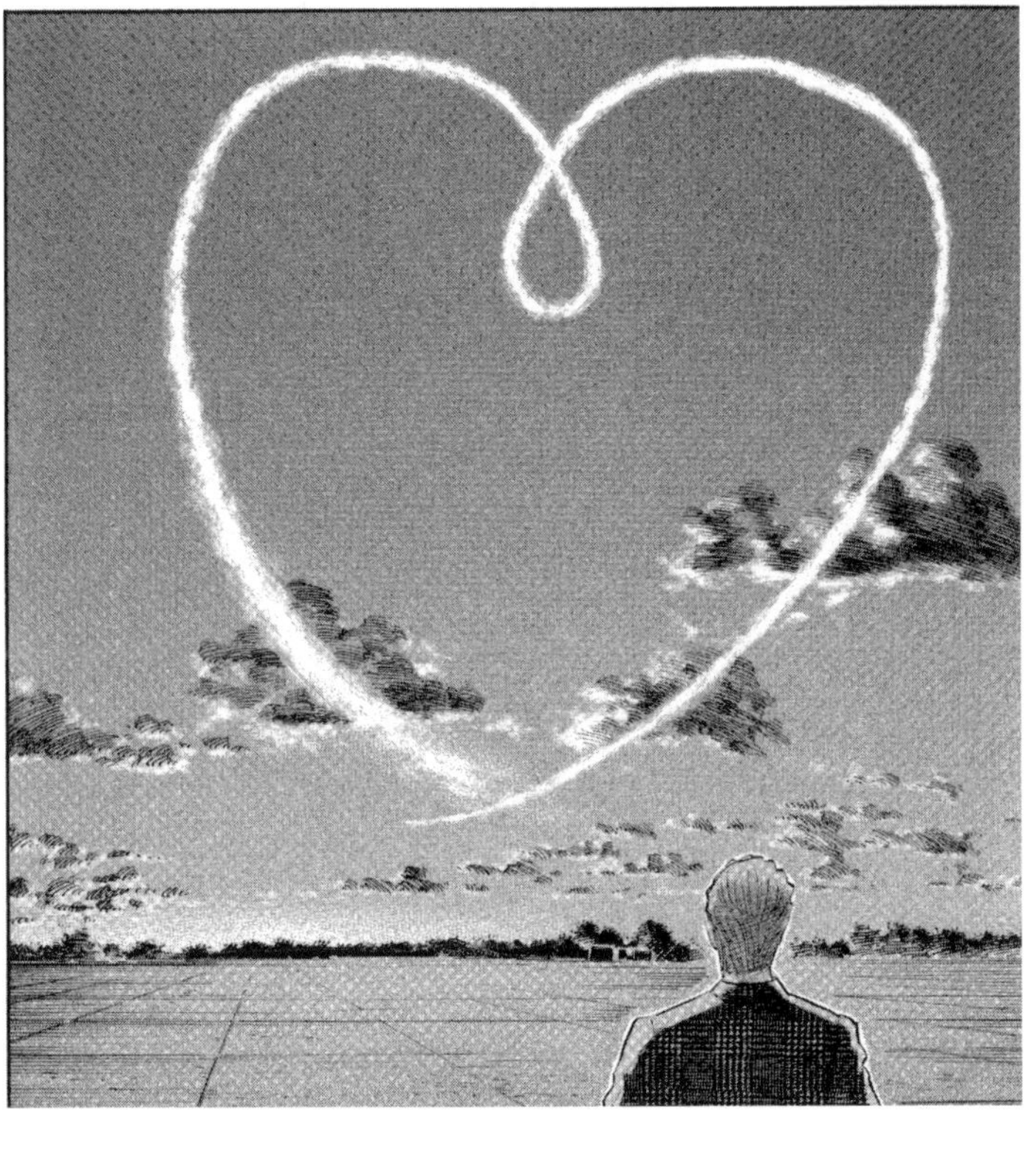

14巻　#138「バルタン星人」

第5章

「弁別性上司」と部下との関係性

「有能なのは分かるけど、
人間味が感じられないんだよなあ」

「弁別性上司」のあなたは部下からこう見えている

仕事の場で見える弁別性の特徴

特徴が強みとして発揮された場合の評価

- 判断がはっきりしていて、早い→**合理的に対応してくれる**
- 無駄なく動ける→**最短で実行・実現できる**
- 的確な情報処理ができる→**前提条件や情報さえ十分なら、信頼できる**
- 意見表明や文章が明確→**何を考えているのか、意思、意図が伝わりやすい**

特徴が裏目に出た場合の評価

- 判断がはっきりしていて、早い→**事情を汲まず機械的な対応をする**
- 無駄なく動ける→**情緒、遊び、ゆとりがない**
- 的確な情報処理ができる→**情報がないと、「判定しない」と〝判定〟してしまう**
- 意見表明や文章が明確→**感情面の配慮がなく、冷たく感じる**

受容性部下から見た弁別性上司

心を込めた気配りがすべて「ムダ」になる、スーパードライな人

「他人の役に立って、笑顔になってもらいたい」が行動原理の「受容性」の高い部下にとって、合理性、ムダなしにこだわる弁別性上司は、最も苦手な相手です。受容性部下からは一言で言って「ドライな人」に見えています。

座を和ませようと軽口を叩いてみれば「無駄な話はやめてくれる?」。仕事がうまくいったと報告すれば「うん、分かった」しか言ってくれない。受容性部下は弁別性上司から「嫌われている」「ないがしろにされている」と感じて、どんどん辛くなっていきます。

「弁別性」が高い人は組織で重宝されやすく、そして日本人の半分以上が「受容性」を第一因子に持っているので、ドライな弁別性上司とどう付き合っていけばいいのか、悩む受容性部下はかなり多そうです。

さて、この本をここまで読み進めた方にはもうお分かりのとおり、これは受容性部下の「一人相撲」です。

弁別性上司は受容性部下を嫌ってもないし、評価していないわけでもなく、ただただ

「ムダを減らし合理的に、迅速に物事を進めたい」と思っているだけで、そこに会話や賞賛（指示どおり仕事をこなしてくれるのはもちろん褒めるべきですが、長い時間を割くほどのことでもない）を求める心理が理解できずに、スパッとダメ出しをしたまでのこと。

……なんだか、さらに弁別性上司が「人間味のない、冷たい人」に見えてしまったかもしれませんが、要は弁別性上司の〝優しさ〟は、受容性部下が思っている優しさとは異なっている、ということです。「受容性」の高い人が、相手の気持ちに寄り添おうとするあまり八方美人になりがちなのに対し、「弁別性」の高い人は、人間関係にも合理性を持ち込みます。交わるに値する相手かどうかを合理的に判断し、都合がいいと判断した相手とは関係を維持します。しかし、これを受容性部下にすんなり理解してもらうのは難しい。

となると上司としては、やはり自分から歩み寄る必要があるでしょう。その一歩目は、自分にとって無意味なことについても「意味がある」と認識するように試みることです。

上に行く弁別性上司は「ピエロ」になれる

これを読んでいる弁別性上司のあなたは、その合理性で様々な課題を乗り越えて今のポジションにいるのだと思います。しかし、ここを読んでいるということは、これまでの自分自身のやり方に、少し限界も感じているのではないでしょうか。

私が知っている弁別性上司の出世頭の人たちは、普段はドライな面は一切見せません。笑顔で答え、場を盛り上げて、親密な人間関係を構築しています。場合によっては自ら〝ピエロ〟も買ってでます（157ページ）。

なぜ彼らはそうしているのか。それは、時間のロスを避けるつもりで感情を切り捨てると、かえって効率が悪くなることを実感したからです。それが短期的にはムダであっても、部下が自分を信頼し、自ら能力を発揮するようにしたほうが、「効率を最大化できる、最短距離を走れる」と理解して、「意味あるの？」と切り捨てることをやめたのです。

合理的に対応できる能力を持つ弁別性上司が、状況に合わせて「白黒判定」の条件を変え、感情のゆらぎやあいまいさ、理不尽さも受け入れられるようになれば、鬼が特大の金棒を手に入れたようなもの。無敵です。それは出世もしようというものです。

話を戻しますと、「意味あるの？」の濫用《らんよう》をやめられない弁別性上司に対しては、部下の側からできることはほとんどありません。与えるプレッシャーも強いので、部下のメンタルが病むなどの大きな問題につながる恐れもあります。もし弁別性上司が自分の職場に問題があると感じたら、自分から変わるしか対策はないと思います。

まず「それって意味あるの？」を控え、笑顔と感謝の言葉は、実は効率を上げる（特に受容性部下の場合は効果絶大）ことを知ってください。そんな馬鹿な？　であれば即、検証です。笑顔と感謝を実行し、データを集めてみることをお勧めします。

弁別性の上司を持った受容性の部下へのアドバイス

受容性部下のあなたの日々の苦労、お察しします。あなたが弁別性上司と付き合っていくには、弁別性上司は「ドライなのが平常運行」なのだと認識せねばなりません。そっけないのが普通、反応がなくてもあなたに不満があるわけではないのです。「何も言ってくれない」と不安になるでしょうけれど、それはむしろ、状況に問題がないことを示している。無反応は平穏無事の証拠、そう解釈しましょう。

では順調に進んでいないとどうなるかというと、質問攻めが始まります。「なぜ」「どうして」と、淡々と聞いてきます。プレッシャーを感じますが、これも、詰問だと思ってはいけません。自分の指示のどこに問題があったのかを検証すべく、あなたから可能な限りの情報を引き出したいと思っているのです。「理由」さえつかめればあとを引かず、修正案を提案してくるはずです。

ですので、もし自分自身の失策で報告が必要な場合は、弁別性上司が納得できるよう、謝罪だけでなくデータをそろえて、原因を突き止めておくくらいの準備をしておきましょう。慣れるのが難しい上司だとは思いますが、「日々のプレッシャーは、実は自分自身が生み出しているのかも」と気づくだけでも、毎日がかなり楽になるはずです。

保全性部下から見た弁別性上司

数字だと分かりにくい、イメージで教えてくれませんか？

保全性部下は「好きか嫌いか」の情動で動き、居心地の良さを大切にします。ドライな弁別性上司との相性はいいとはいえません。

弁別性上司は説明も合理的です。「数字で示すのが一番確実で簡単でしょう？」くらいに思っているので「この伸び率から分析すると、この期間で20％アップは可能ですね。よろしく。以上」といった〝判断理由とゴール〟を説明します。そのため、保全性部下からすると言葉が足りず、「何を準備すればいいのか」と、不安がつのります。

弁別性上司の側としては、「情報は渡した。それをつなげば言いたいことは分かるだろう」と考えているのですけれど、保全性部下は仕事を積み重ねた先の姿である「全体像」を知りたい。座標の数字だけでも本当は分かりますが、地図が欲しいのです。一目で全体像をつかみたいのです。

ですので保全性部下に対するときは、数字だけでなく、目的の具体的なイメージを添えて伝えてください。例えばイベントだったら集客率とか満足度だけでなく「この数字を実現するために、こんな会場を用意して、お客さんがこんなふうに感じて、笑顔になるようなイベントを考えて」と言うと、情動を刺激されて保全性部下のモチベーションがぐっと上がります。

なんでわざわざ……と思うかもしれませんが、情動で動く因子（「保全性」「拡散性」）が高い人は「わくわく」しないと力を発揮できません。面倒だとは思いますが、説明に手間を掛けた分以上に部下の仕事の効率は上がるので、これも合理、と捉えてぜひやってみてください。そうしないと、ドライなあなたに必要以上に冷たさを感じている保全性部下は、分からないことを聞くことすらできなくなり、不安を抱えたままうずくまってしまいかねません。

もし保全性部下を合理と数字だけで圧迫すると、失敗への恐怖がつのり、自信とやる気を完全に失って事態はますます悪化します。わかり合えていないときに、アプローチするのは上司の側の仕事です。まず、どこが理解できなかったのか丁寧に聞いてあげて、理屈だけではなくイメージを交えて教えてあげてください。

弁別性の上司を持った保全性の部下へのアドバイス

保全性部下にとっては弁別性上司はとにかく冷たい人に見えるでしょう。このため「分からないけど、分からないことを聞きにいけない」という事態に陥ることが多いです。「同じことを2度説明する」のは、「弁別性」が高い人にとってはストレスなので、そのまま聞いたら無視するような雰囲気になるでしょう。であれば、分からないポイントを絞って「全体の中で、どうつながっているのか確認させてください。この意味でいいですか？」と仮説を提示してみましょう。分からないポイントがわかれば、弁別性上司も説明しやすくなりますので。そして、できるだけ早く正直に聞く。そうしないと、仕事が分からない不安と冷たさの両面からプレッシャーがかかって、あなたが潰れてしまいます。

拡散性部下から見た弁別性上司

君の思いとか気持ちは聞いてない、って、ええ……

「保全性」同様、気持ちで動く「拡散性」が高い部下にとって、弁別性上司はやりにくい相手です。自分が「面白い」と思うことをやりたい拡散性部下が何を提案しても「君の気持ちはどうでもいい。エビデンスはあるの？　成功したらどのくらい儲かるの？　数字で示して。できないなら考える意味がないからやらないよ」と、取りつく島もありません。

「君の思いとか気持ちは聞いてない」と言われることが、実は拡散性部下からすると最もストレスです。「私の下では、君の好きなようには働かせないからね」と言われているも同然で、自分の行動原理をまっこうから否定される言葉だからです。

現実としては確かに好き嫌い〝だけ〟では仕事にならないことは多々あります。しかし、もしそう思っても面と向かってぶつけないように注意してください。

目の前でシャッターを下ろしてはダメ

「気持ちは聞かない」と言われた途端に、拡散性部下はあなたが目の前でシャッターをずどんと下ろしたようなショックを受けます。そうなると、拡散性部下が持つ破天荒な行動力も出力ゼロになり、戦力としては大幅ダウン。「気持ちはわかる。でも僕にはまだそれがビジネスとして成立するとは納得できない。可能性を検討できる材料を集めてほしい」くらいの言い方にしてください。

お互いに理解不能にも思える組み合わせですが、これはもう、相手を「自分の能力を伸ばすためのトレーニング装置」くらいに考えましょう。弁別性上司にとっては、データは同じでも気持ちが入った担当者が取り組めば結果は変わってくる、ということを認識するチャンスです。「なんで僕の気持ちをわかってくれないのですか」と爆発寸前の拡散性部下を使って、やる気がデータ上のマイナスを挽回できるかどうか、試してみるのです。

モチベーションがあるということは、データの加点に値することなのだ、とあなたが実感できれば、拡散性部下の不合理な振る舞いとそこから生まれる意外性が、あなたの部署の活気につながっていることにも気づけるはずです。

「弁別性」が高い人は、データ重視で効率を優先します。ということは、意外性のあるプランや独創性のある企画は出てきにくい。そこを補うのが拡散性部下です。目先の仕事の効率は落ちるかもしれませんが、一発当てて大きく取り返せる可能性も高い、そう考えて、気持ちを削がないマネジメントをやってみましょう。

弁別性の上司を持った拡散性の部下へのアドバイス

繰り返しになりますが、「君の気持ちはどうでもいい」と言われても、それは弁別性上司が拡散性部下のあなたの人格を否定しているとか、能力を疑われているとか、そういうことではありません。「この人は、理屈や数字がないと動けないんだ」と、まず理解しましょう。

77ページで述べたとおり、「弁別性」が高い人は組織の中で重宝がられますので、弁別性上司と出会う確率はそれなりにあります。拡散性部下としてはやっかいな話ですが、そもそも本当に自分がやりたい仕事であれば、「絶対ダメ」とは言われないだけのデータ、情報を用意しておくことは、組織の中で働いている以上当然のことです。

これまでは拡散性上司や受容性上司の下で勢いのままに突破してきたあなたには「機械みたいなヤツ」と思えるかもしれませんが、組織人としては残念ながら弁別性上司のほうに完全に理があります。

ならば、あなたがこれまで怠ってきたであろう、「資料を集め数字で説得する」という、普通の会社員ならば当然のスキルを磨き上げるチャンス、と考えてはどうでしょうか。

成功の確率が判断基準になっている人に、あなたの思いを判断できないのは仕方ありません。そして、思いだけでこのタイプの上司を突破するのはまず無理です。せめて情報で成功確率をイーブンに持ち込んで、パッションを加点として評価してもらってやっと通してもらえる。しんどいですが、やりたいことをやり続けるためには、どの組織にいるにしても必須のことです。拡散性ならではの意外なプランで実績を挙げて、あなた自身がやるだけで加点してもらえるような存在になれば、話の通り方はまったく変わってきます。

凝縮性部下から見た弁別性上司

何をどう言っても届かない、響いてくれない

経験知が豊かでピエロ役もこなし、人の気持ちに理解を示せるようになった弁別性上司ならば、凝縮性部下の信じる価値観を認め、引き出し、合理で導けます。凝縮性部下はそんな弁別性上司を尊敬して懸命に働きます。では、それほどでもない、という普通の弁別性上司の場合はどうなるか、考えてみましょう。

弁別性上司は、凝縮性部下がこだわる〝正義〟については、自分の合理の範疇に収まるうちは「社会のためになるということですか、それはそれで結構」と、鷹揚《おうよう》に構えます。しかし、合理を超えてごり押ししてくるようだと、対応に悩みます。得意のロジックでいかにいなしても凝縮性部下はまったく揺らぎません。かえってますます自分の「べき論」で押してくるでしょう。

ただ、弁別性上司は自分からケンカは売らない（売っているように見える言動はあっても）し、買うこともありません。いじめる、自分の部署から追い出す、などの行動も「労

力のムダ」と判断しています。

凝縮性が持論を声高に論じるようなら「まず、職場ですから冷静になってくださいね。そしてお願いしたこれとこれ、できていますか。できてないんだったら、いついつまでに仕上げてください、以上」と、淡々と関わっていきます。

凝縮性部下のほうも、自分の正義に反しない限り組織のルールには従う責任感があるので、あえて歯向かうこともなく、これまた淡々と過ごしていくことになるでしょう。リスクがあるとしたら、弁別性上司が合理性があると判断している指示が、凝縮性部下にとっては明らかに、社会的に害がある、顧客のためにならない、などと感じられたときです。

「凝縮性」が高い人は社会を変えていく強さを秘め、合理的な方法を考えるのが得意な「弁別性」の高い人との組み合わせは魅力的です。高い視座を身につけた弁別性上司とならば、この組み合わせは世の中の不合理と不正を正す取り組みに発展していくでしょう。

弁別性の上司を持った凝縮性の部下へのアドバイス

とかく扱いにくいと評価され、それが事実でもある凝縮性の部下。あなたを使いこなし、成長させる上司としては、弁別性上司はそう悪い相手ではありません。多くの上司が逃げ出すであろうあなたのこだわりの強さを淡々といなして、組織の一員として扱ってくれます。合理性や数字からリスクを読み解く能力などに唸《うな》ることも多いでしょう。

ただ、基本的に「社会はこうあるべし」「人生かく生きるべし」といった理念や理想を持たない相手なので、「この人と一緒に世界を変えたい」と惚れ込めるまでに成熟した弁別性上司と巡り会うのはなかなか難しい。出会う確率としては拡散性上司（１３０ページ）のほうが高そうです。

弁別性部下から見た弁別性上司

エスパーのように気持ちが通じる、でも新しい世界は見えない

判断が合理的で早い同士なので、所与のデータが同じならば、エスパーのように「だよね」「ですね」と話が通じてしまうコンビです。

以心伝心と迅速な判断で、現場では素晴らしい処理能力を発揮するでしょう。ただ、「弁別性」が高い人同士の組み合わせが輝くのは、データで想定できる範囲に限定されます。そしてどうしても上司側の都合に引っ張られますから、その上司側の洗練度、視座が低いと、ムダはないけれどこぢんまりとしたビジネスプランになり、新たなものを生

み出すような事業が生まれにくくなるでしょう。

人間関係的にはお互いに出世競争への意識が低く（第二因子以下にもよりますが）、プライベートには干渉せず派閥もつくらないので、平穏に過ごせます。もし、同じ前提条件やデータがあっても判定が変わるとすれば、解像度の差や視座の差があるかもしれません。弁別性部下に上司の解像度、視座を学ばせることで成長が促進されるでしょう。

弁別性の上司を持った弁別性の部下へのアドバイス

データを重視する「弁別性」同士の組み合わせは、今、集められる情報の中の最適解を出すには理想的なのですが、まだ存在しない新しい価値を生み出すのは苦手です。

弁別性部下のあなたが成長するためにお勧めなのは、拡散性上司か、凝縮性上司です。今ないものを生み出す力があるのが、〝思い〟からいく「凝縮性」と〝興味〟で動く「拡散性」だからです。

どちらも合理性からは距離がある動機で、だからこそ、「不合理の中にある合理」に、あなたが気づく大きなきっかけになります。気楽に楽しく過ごすならば弁別性上司は理想的ですし、「不合理の中の合理」を知っている、ピエロ役も似合う弁別性上司ならば言うことはありませんが、成長を目指すなら異質な上司の下で働くことを意識しておくといいでしょう。

弁別性のクールさと受容性の柔らかさがあるエディ・J

カリスマ型のリーダーだった弟、ブライアン・Jと対照的に、サーバント型リーダーとして捉えられるエディ・J。158ページで取り上げたバトラーと同じく、彼もまた「受容性」と「弁別性」が高いと思われます。普段は受容性の柔らかさで周りを癒やしながら、ここぞ、というところで合理の刃を抜き、仲間の幸せのために最短・最速な道を選択しようとするのです。経験で熟成されて、理想的なリーダーになっていった人、と思われます。

エディ・Jのリーダー論については、前々作の『強み』の第3章「組織理解　目指すべきリーダー像」の「リーダーは強くないとダメなのか?」でかなり触れましたので、ここでは、「弁別性」らしさと「受容性」らしさが交互に見えたシーンをご紹介しましょう。

自らが率いる（ムッタもいる）チーム、「ジョーカーズ」の月ミッションの順番が、プログラムマネージャーのウォルター・ゲイツの、「安定感」「知名度」に勝るチーム（チーム「ボルツ」）を優先する、という定性的な理由で飛ばされました。その直後にバトラーに対して、柔らかく、しかし、理詰めで抗議する場面です。

〝ボルツ〟なんてまだデザートラッツ訓練もやってねえクルーだろ
何で俺たちより先に任命《アサイン》されるんだ
まあ…
確かにそうなんだが…
君たちジョーカーズには初フライトの者が3人いるということが弱みになっている
ボルツは全員一度以上宇宙へ行っているんだ
〝より安全な方を〟という決断だ
……
納得のいかん理由だな

21巻　#197「俺です」

繰り上がったチーム「ボルツ」は、宇宙に出た経験において「ジョーカーズ」に勝る。しかし、慣れてきた頃の飛行士のほうがかえってミスをするものだ、と、キャリアの長いエディは指摘します。「そもそも月についてはボルツもジョーカーズも未経験」であり、今回のミッション「CES-66」の主要な任務になる月面天文台の建設は、ムッタと深い縁のあるシャロンが起案したもの。ムッタは月面天文台についての知識を持ち、やる気も十二分で最適の人材です。データで示せないようなことを判断基準にしたゲイツの人事案は理にかなっていないものだ、と論破します。

が、合理がどちらにあれ、バトラーの立場ではゲイツの反対を覆して当初案を強行することはできません。

もちろんジョーカーズの面々は納得していません。ムッタをはじめ「今回の月ミッションはどうしても自分たちでやりたい」。その思いをくみ取ったエディは、密かにジョーカーズを酒場に集めます（場所の選択をフィリップに任せたのは大失敗でしたが……）。そして「ケツから言おう」と前置きし、「ミッションをジョーカーズに取り戻す」と宣言するのです。全員の思いを汲む受容性と、白黒はっきりの弁別性の高さが両立した、「付いていきます」と言いたくなるリーダーの振る舞いでした。人の気持ちを引きつけられれば、具体策はなくてもリーダーは務まる。そんな姿をエディ・Jは見せてくれます。

CES-66ミッションを
俺たちジョーカーズが取り戻す

21巻　#199「救い」

第６章

「凝縮性上司」と部下との関係性

「正義漢で頼れる人、もうちょっと人の話を聞いてほしいけど」

「凝縮性上司」のあなたは部下からこう見えている

仕事の場で見える凝縮性の特徴

特徴が強みとして発揮された場合の評価

▼自分の中に明確な価値基準がある→**ブレない意思決定ができる**

▼ルールや決まり事を重んじる→**礼儀正しい、義理堅い**

▼敵をつくっても、「正義」を貫こうとする→**責任感が強い、覚悟がある**

▼言葉より態度で示す→**実行力、突破力が抜群**

特徴が裏目に出た場合の評価

▼自分の中に明確な価値基準がある→**自分の意思を押し付けてくる**

▼ルールや決まり事を重んじる→**頑固に見える**

▼敵をつくっても、「正義」を貫こうとする→**支配的、ケンカ腰に感じられる**

▼言葉より態度で示す→**何をするかわからない、怖い**

受容性部下から見た凝縮性上司

「お前、もういいよ」って、そんなぁ……私を外さないで

凝縮性上司の方に最初に言っておきます。「凝縮性」が高い人が企業に入ったら、そして上司の立場になったら、「受容性」「保全性」が高い人が多い日本の会社の中で、自分にとってはいたって普通の言動が、組織の中でどう受け止められるのかを自覚しておく。これを強くお勧めします。

凝縮性上司の場合にとても多い部下からの受けとめられ方は、「高圧的」というものです。典型的な例は、仕事が途中の段階で行き詰まったら、凝縮性上司が出てきて「お前、もういいよ」と言われて担当から外されてしまった――というもの。もちろんこれでは部下は収まりません。そう受け取られるような行動を、凝縮性上司はついやってしまうのです。

なぜか。これは凝縮性上司の部下を守ろうとする責任感の強さからの行動です。

凝縮性上司は、部下が仕事を成し遂げられなかったら、その責任は本人ではなく任命した自分にある、と考えます。そして部下がマイナス評価を受ける事態を避けてやろうとします。「部下は自分が守るべき存在」なのです。

行き詰まった部下から「仕事を引き取り」、「別の部下に任せる」か「自分で完遂する」。それが凝縮性上司の責任の取り方であり、周囲への配慮です。納期遅れなどの「先行きへの黄信号」が出たら、すぐに決断を下します。この早さゆえに冷徹とも見える決断力も「凝縮性」ならではです。

部下の心中を推し量らず、自分の判断だけでぐいぐい事態を動かしていくのは、「最終的には自分が責任を取る」と、凝縮性上司が覚悟を決めているからできることで、そこには悪意はありません。

その優しさは説明しないと伝わらない

しかし、この凝縮性上司ならではの親心というか優しさは「仕事を外された」部下には伝わりません。特に、受容性部下は大きなダメージを受けます。

人の役に立ちたい因子「受容性」が高い部下にとって、仕事を取り上げられるのは自分の存在意義の全面否定です。「仕事の成果のために、自分をあっさり外した、冷酷な人」だと感じます。そこから「パワハラを受けた」という認識まではあっという間でしょう。

言わずもがなですが、原因は凝縮性上司の説明不足です。そしてその自覚が圧倒的に足りない人が多い。実際にパワハラ疑惑が出た凝縮性上司にヒアリングすると、ほぼ全員「プロなんだから、仕事を受けた以上、結果を出すのは当たり前。出せなかったら迷惑がかからないように、他に任すのも当たり前。こんな当たり前のことは説明する必要はないでしょう」と、驚いた様子で答えます。特に自分自身の「受容性」が低い場合はこの傾向がさらにダイレクトに。行動の理由を本人や周囲にしっかり説明しないと、大変な誤解を生んでしまいます。「当たり前のこと」を説明するのをおっくうがってはいけません。

周囲にあなたの「正義の基準」を理解してもらえれば、パワハラ上司どころか、部下を守る頼りがいのある上司へと評価が激変するはずです。ついでに、「仕事なんだからできて当たり前」とか言わずに、きちんと評価し、褒めましょう。びっくりするくらいやる気を見せてくるはずです。やる気が出てくるとあなたの指示をどんな無理をしてでも達成しようとしますので、本人のキャパを意識したコントロールをお願いします。

凝縮性の上司を持った受容性の部下へのアドバイス

上司編ではこの組み合わせのリスクについて触れました。しかし、実は凝縮性上司は受容性部下のあなたにとって、自分が成長するために最も相性がいい存在でもあります。拡散性上司と保全性部下（115ページ）に似た関係です。

受容性部下は、上司の価値観、仕事に対する姿勢を「この人が喜ぶなら」という気持ちからあまり抵抗なく受け入れることができます。凝縮性上司は、示す目的がはっきりしている。そして細かなところは任せてくれる。その上で「これをやれ」という明確な指示が出ます。これに応えて受容性部下の、上司の仕事に貢献できるという気持ち、おもてなしマインドが燃え上がるのです。「柔軟な対応力でメンバーを巻き込んで」いきます。

やる気が出れば成果も挙がり、スキルも人脈も広がっていくことでしょう。例によってなんでも引き受けたくなると思いますので、オーバーワークには気をつけて。

付け加えると、凝縮性上司（で、「受容性」が低い人）は他人を褒めることが苦手です。笑顔が欲しいあなたの気持ちはわかりますが、仕事を任されるのは〝評価されている〟からと理解し、最初は反応が鈍くてもあまり気にせず、前向きに応えていきましょう。

拡散性部下から見た凝縮性上司

激突必至、だけど理解し合えれば最高の上司と部下

凝縮性上司にとって、「面白いからやりましょう」と奔放なアイデアを出してくる拡散

性部下は、なかなか好感が持てる相手です。「発想がユニーク」と思っています。ただし「まだまだわかっていないな」とも。思い付きだけで動いていて、アイデアにも信念、社会的正義、といった要素が欠けている、と感じるからです。

ですので、まずは発想力を買って、責任のある立場や新しい仕事を任せて、そこで成長してもらおう、となります。そこまではいいのですが、いざ、任せたあとで、拡散性部下が「だって面白いから」と、凝縮性上司の〝正義〟からはみ出すような行動を取ったら大変です。頭ごなしにダメ出しして、「だからお前はなってないんだよ、何も分かっていない」くらいの人格否定をしかねません。

「正義」と「興味」でぶつかり合う

実は凝縮性上司と拡散性部下の衝突は、程度はどうあれ避けられない事態です。情動で動き、自分の好きなことをやりたい拡散性部下は、正義が基準、と言われても最初は「?」でしょう。一方、凝縮性上司は社会視点と正義感で動きますから「お前の興味なんか聞いてないし、そもそもそれは仕事ではない」と突っぱねて、「これが正しいんだから言うとおりにしなさい」と抑えつけます。拡散性部下は、どうにもならないと感じ、異動を申請したり、さっさと退職してしまうことも。

しかし、このどうにもならなそうな関係性は、凝縮性上司の言い方、伝え方次第でがらっと変わります。

拡散性部下は、興味のままに走らせれば必ず暴走します。なので、先に凝縮性上司のほうから、「こういう今まで世の中にないものを生み出すことに興味はないか」と、自分の正義に則《のっと》り、かつ、拡散性部下が思わずやりたくなる仕事を投げかけてやるのです。「あ、面白そうですね」と言ったら、「よし、やってみろ」と任せてあげる。

面白い仕事を権限付きで任せてくれる上司を嫌いになる拡散性部下はいません。まして凝縮性上司は、部下を守る人です。「自分が任せた以上、成功しようが失敗しようが自分の責任だ」と考える。こんな人が味方に付いてくれたら、自分のやりたいことがやりたいようにやれます。最初に発生する「公の正義感」と「個人の好奇心」の激突を乗り越えれば、凝縮性上司にとっては守りがいがある独創性あふれる部下に、拡散性部下にとっては権限を与え、後ろ盾にもなってくれる最高の上司になることでしょう。

凝縮性の上司を持った拡散性の部下へのアドバイス

自由にやりたい拡散性部下のあなたにとって、凝縮性上司はなかなか大変な相手です。詰まるところ味方に付けない限り、突破することはできません。最初はお互いに理解できないでしょうから、凝縮性上司は「公」と「正義」を納得させようと拡散性部下にプレッシャーをかけ、それでも言うことを聞かなければつぶしに掛かります。

凝縮性上司本人が本当にどうにもならない人であれば、さっさと転職をお勧めします。が、別の展開につながる可能性もあります。説明しましょう。

凝縮性上司が有能であるとして、ですが、まずは自分が持っている価値観、社会正義感を共有しようと部下にプレッシャーをかけてくるわけです。逆らいたくなる気持ちを一度収めて、その価値観は本当に納得できないものなのか、そして、納得できるならば、その上で自分のやりたいことはないのかを考えてみてください。

凝縮性上司の提示する価値観の上で、自分のやりたいことをきちんとプレゼンテーションできれば、凝縮性上司は拡散性部下の強力な社内スポンサーとなってくれるので、すごくいい関係が結べる可能性があるのです。

「拡散性」の高い人は、アイデアは豊かですが言語化を怠るところがあります（64ページで触れた概念化は、言い換えればイメージを言語化することです）。「拡散性」が高くて優秀な人は、まず概念的に捉えたアイデアや物事を言語化する能力が高い。凝縮性上司にプレゼンを通すには、「面白いからです」では絶対無理なので、やりたいことの言語化が必須です。しかも「わくわくします」といった個人の興味では通らないから、「どのように人のためになるか」「世の中をどれほど良くできるか」、そして「社会が（上司の望む方向に）変わる可能性がある」という要素を盛り込むことが必要です。

そうなれば「俺もやりたい。よし、ＧＯだ。あとはお前に任せる」という関係ができます。アイデア豊かな拡散性部下のあなたと、実行力・突破力ならお任せの凝縮性上司が組んだら、とんでもないことになるでしょう。

この構図は、例えて言えば起業家のあなた（拡散性部下）がアイデアをスポンサー（凝縮性上司）に通すために、彼が憂《うれ》えている社会的課題の解決を事業の柱に据えるようなものです。そして凝縮性上司は、最初に千尋の谷に突き落としても、這い上がってくれば引き上げてくれるタイプ。ライオンに巡り会ったと思ったら、敢《あ》えて挑んでみませんか。

保全性部下から見た凝縮性上司

「いいからやれ」が辛いけど、決断明快で不思議と噛み合う

主張が強い「凝縮性」と協調的な「保全性」は、相性が悪そうで実はなかなか悪くない

組み合わせです。

凝縮性上司は独善的に見えるし押しつけがましいけれど、目的は明確、行動方針もはっきりしている。決断も早く、しかも一度決めたらめったなことではブレない。ちょうど受容性上司との関係性（143ページ）の逆です。

保全性部下は、決めてくれない受容性上司には「これじゃ準備ができないじゃないか」とイライラがたまりますが、「すぐ決めてくれて、しかも変えない」凝縮性上司とは仕事がしやすい。何をやるかが明確で、万全の準備が無駄にならないので実に安定感があり、安心できて頼れる相手です。

言葉足らずだと自覚して

ただし凝縮性上司は、ここまで述べてきたとおり基本的に言葉足らずです。

ひたすら従っていればすべて守ってくれるのですが、部下の側がそこをまだ理解していないうちは、相性のいい保全性部下といえど「これは押しつけがキツい上司だ」と思われ、嫌われる可能性も十分にあります。

信頼感が醸成されるにはある程度時間が必要です。それまでは凝縮性上司のほうは「いいからやれ」という姿勢は控えましょう。繰り返しになるのですが、凝縮性上司は基本とっつきにくく、怖い人に見えていることが多いのです。物言いや態度でそれをブーストしたら目も当てられません。

凝縮性の上司を持った保全性の部下へのアドバイス

保全性部下のあなたに限らず、他人から「なんとなく怖く見える」のが凝縮性上司です。最初は苦手かもしれませんが、基本的に頼れる相手ですので、仕事を重ねるうちに、凝縮性上司の仕事や社会への思い、それが生まれた背景などを聞く機会もあるでしょう。それを通して怖さが信頼感に変わっていきます。

あなたが凝縮性上司から信頼してもらうには、特定分野だけでかまわないので、仕事の処理スキルを持つことが必須です。「保全性」の高い人は、ある分野を抜けなく漏れなく知り、勉強と経験を通してスキルを積み上げて成長します。その努力を怠らず、「この専門分野ならばそう簡単には負けない」と思えるくらいの高みまで上ることで、会社でも社会でも自分を信じて精神的に不安なく生きていくことができます。

怖く見える凝縮性上司も、この分野なら自分のほうが上かもしれない――そう思えると、凝縮性上司に恐れを感じなくなり、一人前の仕事相手として振る舞うことができるようになる。それは「あの強面《こわもて》な人を相手に堂々と対応している」といった評価につながり、ますますあなたの自己肯定感を高め、活躍の場を広げていくはずです。

凝縮性部下から見た凝縮性上司

「わかりますか？」「わかる」。異色同士で共鳴し合う

「凝縮性」が高い人は、日本社会においては異端とも言えます。その異端同士の組み合わせはどうなるでしょうか。

「凝縮性」が高い人が考える正しさ、正義は、当然ですが全員が同じものではありません。ズレもあり、そこはすり合わせる必要があります。お互いがすり合わせる余裕を持った社会性がある人ならば、いい意味での議論ができ、そこから共感、共鳴につながっていきます。仮に信じている正しさが違っていても「正しいことのために行動すべきだ」という信念を持っている、というだけで、リスペクトは生まれます。

そこから上司は「こいつを育てるのは自分の使命だ」と思うし、「である以上、必ず成功させるべきだし、そのための支援は惜しまない」と決意します。部下は「この人の信念

を世に訴えるために、どこまでも付いていこう」と、敬意を胸に誓います。多少自分の信念とズレていても「自分が未熟だから」と理解し、合わせることになります。

ちょっとヒーローものの映画のようですが、強いリーダーシップを持った人同士の邂逅《かいこう》は、まさにそんなイメージを両者にもたらすのです。

「凝縮性」が高くて、会社の中で高い地位にある人は、経験を通してその会社の価値を感じ、信じているはずです（そうでなければ成果を挙げられずドロップアウトか、その前に会社を飛び出しています）。ですので、凝縮性上司が自分の言葉で会社や仕事の価値、なぜ正しいと思うのかを話せば、凝縮性部下にはストレートに伝わるはずです。

すり合わせができないほど社会性が低いか、あるいは信念が完全に対立する場合は、宗教戦争のような様相を呈し、修復はほとんど不可能です。ただこれまでの例を見る限り、日本という社会の中で生きてきた「凝縮性」の高い人同士が、そこまでズレているケースはあまりありません。

凝縮性の上司を持った凝縮性の部下へのアドバイス

尊敬できる人か否か。凝縮性部下であるあなたにとっての判断基準はこれです。凝縮性上司の下に付くことは、あなたにとってとてもレアな出会いですから、この際思い切り自分をさらけだして、ぶつけてみてください。他のタイプの上司たちとはひと味違う「これだ」と思う反応が返ってくると思います。この人の下なら、と思ったら、凝縮性上司がどう自分をコントロールして、その強烈な個性を社会性と両立しているか、身近で働きながらじっくり観察するとよいでしょう。

弁別性部下から見た凝縮性上司

うっかり「意味あるんですか」と聞いたら詰められそう

弁別性部下は凝縮性上司から見ると、志や正義に重きを置かない、マシンのような人に見えます。だからといって敵対するかというとそんなこともありません。

弁別性部下は敵、味方、という感覚が薄く、合理的な判断にのっとって行動するので、実績を出している凝縮性上司には「それなりの合理があるのだろう」とまずは敬意を払います。凝縮性上司にとっても処理能力が高く、納得すれば淡々と仕事を進める弁別性部下はすごく重宝な存在です。

お互い、やるかやらないかが明快なので指示に紛れがなく、働きやすい関係性がつくれます。ただしこれも、154ページの「弁別性部下から見た受容性上司」でお話ししたように、「弁別性」が高い人がすっと理解できる伝え方をすることが絶対条件になります。インプットが正しければ、アウトプットをしっかり出す弁別性部下は、インプットを間違えると動かなくなってしまいます。

情報への渇望を汲んであげよう

口八丁型の受容性上司とは反対に、「思いが余って口が動かない」というか、伝え方がうまくない人が多い凝縮性上司にとっては、相手に合わせたインプットはちょっと難題ではあります。すこしヒントを差し上げましょう。

弁別性部下は、凝縮性上司が「これをやるべきなんだ」と、はっきり目的を示すことについては好感を抱きます。目的への個人的な興味と仕事を切り離して考えるので「やりたいことはよく分かりました」と、部下として協力しようとします。そこまではいい。

問題は、弁別性部下は仕事の目的ではなく進め方について、自分なりにデータを集めて合理性を評価し、いける、と納得して進めたいと考えているのに、凝縮性上司がついつい「やると言ったらやるんだ、四の五の言うな」という態度をとってしまうことです。

目的だけ示せば十分、とつい考える凝縮性上司ですが、所与の条件、複数の選択肢、市場やライバルの情報をできるだけ集めて、一番ムダがなくリターンが期待できる方策を採りたい弁別性部下は、そこがどうしても気になります。そこで「それ（情報がないままの決断）って、意味あるんですか」という、凝縮性上司が一番ムカつくセリフをいつものクセで放ってしまい、関係性が一気に悪化……。これを避けねばなりません。

弁別性部下は、選択肢となる条件や情報を渡すと、一番いい策を出してくれる願ってもない参謀役になります。「いいから黙ってやれ」は封印し、求めてくる限りの情報を与えましょう。「意味あるんですか」は文字どおり問うているのであって、凝縮性上司の信条を批判しているのではない、ということも覚えておいてください。

凝縮性の上司を持った弁別性の部下へのアドバイス

社内では恐れられているであろう凝縮性上司ですが、弁別性部下のあなたにとってはそれほど怖くもないと思います。決断が明確で部下を守るので、きっと働きやすいでしょう。問題は口下手なことと、データを軽視するわけではないけれど、正しさ、まっとうさを重視して動くことで、弁別性部下からすると理解しにくい部分がどうしても生まれてしまう点にあります。

その際、「なぜですか」「意味ありますか」は凝縮性上司には禁句です。それは即ち、自らの正義への疑問と受け取られるリスクがあるからです。「やるべき事は分かったので、これとこれの情報をください」と、目的を共有した上で、合理的な手段を探したいという自分の気持ちをはっきり伝えることで、仕事がスムーズに回ります。そもそも、どんなに言葉を費やしても凝縮性上司は考えを変えません。そしてムダな議論は、あなたも好きではありませんよね。

凝縮性のトルストイの〝信念〟を拡散性のヒビトが受け入れた瞬間

ＮＡＳＡの宇宙飛行士として月に行き、事故から同僚を救い出す過程でパニック障害になってしまったヒビト。ＮＡＳＡの上層部が彼を現場から外そうとする中、ヒビトはアズマの口利きでロシアに赴き、彼の地の宇宙飛行士たちとリハビリを試みます。

そこで出会ったロシアのレジェンド宇宙飛行士、イヴァン・トルストイ。彼は、この状態から抜け出すには時間かかる。私と酒を飲むことから始めよう、とヒビトに伝えます。話が呑《の》み込めないヒビト。即、行動、とはいかず珍しくネガティブ状態です。ヒビトの心理状態もありますが、トルストイの物言いも「さすが凝縮性」と思わせる言葉足らずぶり。

果たしてヒビトはトルストイを信じられなくて、訓練をサボります。

そこでヒビトに説明をしようとせず、またもや自分と酒を付き合えと強要するトルストイ。来なければＮＡＳＡにサボりを報告すると脅します。渋々、バーにやってくるヒビト。トルストイはヒビトに、娘の幼い頃のバレエの練習を記録したＤＶＤを渡し、明日のダンスコンクールに出場する娘を、自分の代わりに撮影してくるよう頼みました。

バルチカビールの0番
OK!
おいおいノンアルコールだぞそれは
酒を飲み交わすってのは
互いの度数を合わせることに他ならんぞ
ヒビチョフ
おとといも言ったけど
陽気に酒飲む気分じゃないんだよ
じゃあいつ来るんだ?
その気分は
……
さあ……
はい0番ね
ガサゴソ
トコッ

「俺は大丈夫」「EVAくらい平気だ」――
自己暗示で意識を変えようと――
何度も唱《とな》えたのではないか?
できることから習慣づけないとダメだ……
できない者が頭の中で「できるできる」と連呼したところで
それは何の経験にもならん!
じゃあ俺は……
何をどうすりゃいいってんだよ!
カラッ

まずは……
私と酒を飲め
……
それくらいはできるだろ
今のお前でも
……
ガハハハ
見て見てお父さん!
できるようになったよコレ!
よーし!帰ったら母さんに自慢するぞ!

ヒビトが見たＤＶＤには、幼い娘、オリガがさっぱり上達しないバレエに悪戦苦闘をする様《さま》と、不器用に寄り添うトルストイの姿が記録されていました。首をひねりながらコンクールの撮影に行くと、そこには重力から解き放たれたように踊るオリガの姿が。

どんなに苦しくても、自分は決して見捨てない。壁は必ず乗り越えられる。

ドラマの中では明確には語られていませんが、トルストイはそんな自分の信念を、言葉で語るのではなく、映像で伝えよう、と思ったのでしょう。

「拡散性」が高いヒビトは面白いと思えば動きますが、ありきたりの言葉ではピンときません。しかもパニック障害に悩み、宇宙飛行士という自分の夢から切り離されそうになっている、とてもしんどい状況にいます。トルストイは、ヘコみまくった彼の気持ちを動かすには言葉よりも行動、と、「壁を乗り越え、成長していくオリガ」という映像で見せたのではないでしょうか。

「拡散性」は自分の興味関心で動き、他人の信念に興味を持たず影響も受けません。しかし「これはすごい、面白い、自分よりも上だ」と相手を認めると、素直に敬意を払います。基本的に飛び散っていってどこにも戻ることがない「拡散性」が、自分が戻る起点、軸として、「凝縮性」の信念を受け入れる。そんなシーンとして、次のページを味わってみてください。

15巻　#142「曇りのち酒」

第７章

「異質補完」こそFFS理論の真価

組織に真の「心理的安全性」をもたらすために

「心理的安全性」に「異質」な人が必須の理由

2章から6章で、「上司を伸ばす部下、つぶす部下」のケースを見ていただきました。思い当たる部下（上司）の顔はあったでしょうか。「嫌われている？」「話が通じない……」という悩みの原因が、お互いの物事の感じ方、優先順位の違いにある、と気づいていただけたら何よりです。

さて、ここまで通読した方はきっとこう思われたでしょう。「同質同士の居心地の良さは捨てがたい、だけど、異質同士のほうがお互いに成長できそう。どちらがいいのだろうか」

実は、私が「FFS理論をこう使ってほしい」と訴えたかった内容はここからです。「宇宙兄弟とFFS理論が教えてくれる」シリーズは、因子の特性を活かした自分の能力の育て方（第1弾『あなたの知らないあなたの強み』）、他人から自分がどう見えるかを知り、ポジティブ面を伝え、ネガティブ面を晒さない方法（第2弾『あなたを引き出す自己分析』）をご紹介しました。それぞれのテーマ（能力の伸ばし方、見せ方）を優先するために、自分の主張は控えめにしてきましたが、今回ははっきり言います。

それは「異質から逃げず、お互いの、組織の、成長の機会にしよう」ということです。

ストレスから逃げすぎると自信も手に入らない

すでに25通りの組み合わせでご紹介したとおり、お互いの個性は相性に影響し、ストレスの多寡につながります。

ストレスを受けたくなければ、同質の人だけと積極的に関わればいいわけです。そして残念ながら、上司と部下、という仕事上の上下関係が重なる場合は立場によるプレッシャーも加わるため、できれば避けたほうがいい組み合わせも存在します。念のために付言すれば、自分の身体・精神の健康は言うまでもなく最優先事項です。どうしようもなければ逃げるにしかず、と私も思います。

ただし、「ストレス」は、悪い面ばかりではありません。そもそも人間は適度にストレスを受けていないと、生きる活力を失って怠惰になってしまいます。何より、試練を乗り越えることは、自分への自信を培うための唯一の方法です。

でも「試練どんとこい」とばかりに、自分に向かない方法や、決定的に相性が悪い相手に正面から突撃したのでは身が持ちません。試練を正しく認識し、自分に合った方法で乗り越える（無理なら早めに回避する）ためのツールがＦＦＳ理論、ということなのです。

ＦＦＳ理論を携えていれば、苦手に思える相手としっかり付き合うことができる。そう考えて、あえて自分とは異質の人と付き合い、お互いに相手を〝活用〟して成長につなげれば、個人にとっても組織にとっても、目覚ましい成果につながる。私はそう思っています。拡散性と凝縮性の組み合わせ（「凝縮性部下」×「拡散性上司」１３０ページ、逆が１８８ページ）などがその代表例です。

「心理的安全性」は日本では正反対に誤解された

しかし、日本社会では「異質」な人は、成長のために活用するどころか、とにかく避けるべきものとされがちです。それがよく分かるのが「心理的安全性」です。

生産性の高い組織の必要条件としてしばらく前からよく耳にする言葉です。短く説明すると、「対人関係において、リスクのある行動、例えば反論したり、疑問を投げかけたり、自分の弱みをさらけ出したりしても、不安を感じない状態・関係であること」です。言葉自体は１９９９年に、組織心理学を専門とするハーバード・ビジネス・スクールのエイミー・C・エドモンドソン教授が「psychological safety」として定義しました。

日本社会が「心理的安全性」という言葉から受け取るイメージは、「うちの職場はみんな仲がいい」「友達付き合いしてくれる上司がいる」「軽口やちょっとしたミスを笑って受け止めてくれる」というものではないでしょうか。この本で見てきた例で言えば、ちょうど「受容性部下」×「受容性上司」（147ページ）のような、同質同士の関係性です。ツーと言えばカー、気持ちが通じ合い、ストレスは極小。これが心理的安全性——。もしあなたもそう思っているとしたら、それは心理的安全性を誤解しています。

「なんでも言い合える関係」というのは、異論、反論なんでもあり、という意味です。耳の痛くなるような指摘を受け、厳しいことも容赦なくズバズバ言われます。それでも信頼関係が揺らぐことはなく、ダメ出しやツッコミも不安なく受け入れることができる。そういう状態こそが、心理的安全性が確保された状態です。まるで正反対ですね。

「異質」を認め合い、さらけ出すことができる環境。相手の考え方に突っ込むことが、相手への否定と受け取られない。「凝縮性部下」×「拡散性上司」で言えば「あなたのプランには信念がない」と部下が突っ込み「そのとおりだが、少なくとも面白い。君の信念はこのビジネスにどう活かせるんだろうか」と受ける。知らない人が見たらハラハラするところですが、メンバーは興味深げに議論の先行きを見守っている……こんなイメージです。

あなたの職場は、そうなっていますか？

わざと間違いを起こす「グリーンカード」

抽象的な話が続いたので、そろそろ『宇宙兄弟』を見てみましょう。

このマンガでは、異質な人同士がそれぞれの長所を認め合い、補完し合うシーンも要所要所で出てきます。

それは、心理的安全性が最も求められる職場の代表が、宇宙飛行士が活躍する現場だからかもしれません。危険な宇宙空間で活動する飛行士と、彼らを支える地上スタッフ。命を預けられる関係になるには、心理的安全性の確保がことのほか重要です。

『宇宙兄弟』には、宇宙での活動を想定した訓練中に、「グリーンカード」が仕掛けられる場面が登場します。グリーンカードは、わざと間違いやトラブルを起こして混乱を生じさせ、宇宙飛行士たちがそれにどう対処するかを見るためのものです。

主人公のムッタは、月ミッションに任命された先輩宇宙飛行士、ビンセント・ボールドの控えとして、地上の管制室から飛行士を支援する「キャプコム」を務めています。ミッション前の訓練中に、ビンセントがわざと間違えて、ムッタを試す場面があります。

最近あいつ
がんばってんじゃ
ねえの　ビンス
あいつ
とは？
ハンッ
ムッタだよ
ムッタ
ようやく
当たり前の
ことをやって
いるにすぎ
ません
……
なあ
ビンス
ここらで
いっちょ
かまして
みるのは
どうだ？
誰も知らない
グリーンカード
ムッタ《彼》を
試すと？
そう
やるなら
今だ
誰もビンスが
間違えるとは
思いもしない
………

現在 着陸船《アルタイル》は予定通り近地点44・45km
遠地点333・36kmの軌道に入ってます
これにより着陸に向けて着陸船の速度を22・6m／秒減速します
これでOKですか?
はい
え〜〜
……
……
それ違いますね
手順書No.4のステップ4・DPSを使ってください

20巻　#190「Rickの"R"」

ビンセントは、ムッタが訓練生時代の教官でした。教え方はスパルタで容赦なく、誰に対しても要求レベルが高い。ムッタも、あわや落第というところまで絞られました。「ビンセントが間違えるはずがない」と誰もが思っています。

だとしても、間違っていれば指摘すべきです。そこには先輩も後輩もありません。仲間を信じることは、ノーチェックで盲信することとは違います。お互いに相手の仕事への姿勢を信頼しているのは大前提ですが、「どんな人間にもミスは付き物」と認識し、「間違いを見落とせば飛行士の命に関わる」と理解することが必要です。

上司や先輩に「間違ってます」と指摘できる？

ですので、間違いを指摘する際に顔色を気にしたり遠慮したりする相手に、命は預けられません。グリーンカードは、頼れるのは仲間だけという空間で、「究極の心理的安全性」の有無を確かめるための、とても大事な儀式なのです。ムッタはかつての鬼教官に対して、平常心でさらりとミスを指摘し、このチームに「心理的安全性」があること、自分もチームの一員であることを見事に示しました。

宇宙空間は極端なシチュエーションであって、一般企業の職場と比べられても困る——、そう思われたでしょうか。いいえ、どちらも本質的には同じです。

心理的安全性とは何かを理解するには、このキーワードが提唱された背景を押さえておく必要があるでしょう。

この言葉が流行《はや》り出したのは、2012年にグーグルのピープルアナリティクスチームが行った「プロジェクト・アリストテレス」とその成果発表によるものでした。グーグルは、世界中から飛び抜けて優秀な人材を採用しています。しかし、すべてのチームが成果を出しているわけではありませんでした。成果を出せるチームには、何か共通する要素があるのではなかろうか。それを調べようと、リーダーの特性、個人的な関係性、報酬、学歴、趣味嗜好など、公的なものからプライベートまであらゆる要素についてモニタリング調査が行われました。

そしてその結果、「成果を出すチームでは、お互いに率直に意見や指摘を言い合える『心理的安全性』が担保されていた」という事実が判明した、ということです。

ここからは、FFS理論の分析を交えていきます。

米国人には、といっても多種多様ですが、「主義主張が強く、行動的、（日本人から見ると）攻撃的な人」が多い、というのは一般的な印象だと思います。彼ら彼女らは当たり前のように、自分の意見を主張し、反論し、疑問を呈します。米国人にFFS理論の自己診断を受けてもらうと、「凝縮性」と「拡散性」が平均的に高くなることがわかっています。「凝縮性」の高い人はこだわりが強く、「拡散性」の高い人は攻めの姿勢が特徴です。

そのようなタイプの人が多数派の中で議論を行えば、対立が過激化することは避けられません。それが個人的な関係や組織内の不和につながるのは大きなリスクです。その心配はない、と担保されている「心理的安全性が高い」グループのほうが、より的確にミスを指摘でき、疑問を投げられるので、結果的に議論が建設的になり、成果につながる、ということでしょう。

協調的だが、内心はヒヤヒヤ

一方、日本ではどうでしょうか。

日本人は、平均的に「受容性」と「保全性」が高い傾向があります。「受容性」の高い人は相手を受け容れようとし、「保全性」の高い人は安全な環境に身を置くことを好み、敵を作りたがらない傾向があります。つまり、平均すると「面倒見が良く（受容性）、協調的（保全性）」な日本人は、元々、「安全な関係」を求めているのです。

ただし、「受容性」と「保全性」の高い人（「受容性・保全性」タイプ）は、「反論して嫌われたくない」「わからないことがあっても、質問して無知をさらけ出すのが怖い」「KY（空気読めないヤツ）と思われたくない」というマインドがあり、対立や目立つことを避けようとします。

同調することを最優先にしているので、問題の理解の深さや意識がズレていても「これを言ったら嫌われるかもしれない」と、指摘を避けます。誰かが気づいた間違いや企画の穴も共有されません。表面的には仲が良さそうで平穏ですが、「心理的安全性」が担保されているわけではないのです。

これは日本社会によく見られる「同調圧力」です。同質の人が集まる組織は、ただでさえぬるま湯になりやすいのに、加えて「受容性」と「保全性」の人が多いことがそれに拍車をかける格好です。居心地はいいかもしれませんが、生ぬるく、なれ合いの関係になりがちです。そして、互いに率直な物言いがしにくい職場から、高いレベルでのアウトプットが生まれるはずもないのは、グーグルの調査が証明しています。

では、「心理的安全性のあるチーム」をつくるにはどうすればいいのでしょうか。

ＦＦＳ理論の観点から言えば、「心理的安全性のあるチーム」をつくるには、「異質補完の関係」が必須条件です。すなわち、異なる個性の人が互いの強みを発揮し、互いの弱みを補える関係にあるとき、心理的安全性が確保できると我々は考えます。

実際の例でご説明しましょう。

我々はある企業で、「次世代リーダー発掘プロジェクト」に取り組みました。その際に、異質補完のメンバーで編成したグループと、似た個性のメンバー（「受容・保全」タイプの同質関係）で編成したグループをつくったのです。通常、ＦＦＳ理論を組織編成に利用する場合は異質補完で編成を行いますが、この時はクライアント企業の希望により、上司推薦枠で〝優秀な人材〟を集めたチームを編成した結果、「受容・保全」タイプの同質グループがつくられたのです。設定されたゴールは、グループごとに会社の将来の柱となる新規事業や組織を提案することでした。

同質グループは、強力な打開策を打ち出せない

「異質補完」と「同質」、両方のグループを比べると、雰囲気と成果には明らかな差があったのです。

まず、同質チームの議論を振り返ってみます。

メンバーには「受容性」の高い人がそろっているため、お互いを受け容れようとします。また、「保全性」の高い人も多いため、過去事例を検証しつつ、一つずつ積み上げていく

ような議論のスタイルになります。似た者同士なので気心が知れていて、合意形成は早く、方針はすぐに決まりました。

しかし、残念ながら出てくる企画がありきたりなのです。これでは意味がない。

私がそう指摘すると、議論は空転し、逡巡します。なかなかブレークスルーができません。なぜなら、メンバーがお互いに指摘し合わないからです。

彼らは個性が似ているため、「苦手なこと」や「できないこと」が同じです。相手の不足や短所を指摘すれば、自分に返ってきます。だから、あえて指摘し合わないのです。

また、「保全性」の高い人の特徴として、仲間外れにされることを嫌うため、周りを味方につけ、多数派工作をすることがあります。保身のための裏切りに遭うこともあり、いつ多数派から追い出されて少数派になるかもしれない。表向きは「ニコニコ」しながらも、いつスポイルされるかわからないので「ヒヤヒヤ」。日本の子どもたちの「いじめ」の構造の原因は、おそらくここにあります。

こうした心理から、指摘もなければ、反論もないのです。ですから、議論は深まらず、広がりません。

結局、このグループは対立を避け、論点をあいまいにしたまま議論を進めていきました。そして、メンバーのアイデアをすべて詰め込んだ〝てんこ盛りプラン〟が完成したのです。

これなら全員のメンツが立ちますし、一見、すごい企画のようにも見えます。が、「メンツを立てる＝誰も傷つかない」ことが暗黙の最優先事項となっているので、結局何をやりたいのかがわからない（＝メンツを立てることがやりたいこと）、凡庸な企画に終わりました。このような意思決定を「宥和」と呼びます。歴史ある日本企業が失敗するケースには、この宥和プランが多く見られます。

最終発表での評価は散々でしたが、このグループは「終わりましたね」と淡々と解散し、打ち上げでも全員が集まることはなく、プロジェクト終了後は疎遠になったようです。

対照的だったのが、異質補完グループです。

平気でダメ出ししまくる異質補完

このグループは、メンバー同士が平気でダメ出しやシビアな指摘をし合います。「それは僕も調べたけれど、事業性はないね。調べ方のレベルが低いんじゃないか」といったストレートな会話がメールで飛び交う。やり取りを見ていると、まるでケンカのようです。

異質な個性の人が集まると、自然と議論が活発になります。それぞれの視点が異なるため、多面的な観点から問題を深掘りしていくことができるのです。

また、互いの強みを発揮し、弱みを補い合える関係のため、いつの間にか役割分担が生じます。例えば「凝縮性」の高い人は決断力があり、「受容性」の高い人は面倒見がいい。「拡散性」の高い人は推進力があり、「保全性」の高い人は仕組み化や安定的な運用が得意ですし、「弁別性」の高い人はデータをもとに裏付けをしてくれます。

役割分担ができると、自分がグループに貢献できている実感が得られます。自分の働きが相手に認められて、自信にもつながります。また、自分に足りない部分を指摘し、補ってくれる相手は、頼りになる存在でもあります。

こうした補完体験を通して、異質な個性の相手が、信頼できる相手へと変化していきました。互いに「あいつはすごい」と認め合っているからこそ、何を言っても、何を言われても、受け止められるのです。同じ言葉でも、言われた相手によって傷ついたり、誇らしく感じたりしますよね。評価している相手から言われる手厳しい言葉は胸に応《こた》えますし、褒め言葉は値千金です。

結果的に、このグループの発表は実に素晴らしいものでした。

そしてそれ以上に、グループとしての結束が非常に強固になりました。プロジェクトが終わってもう10年近くなりますが、今でもメールのやり取りが続き、親身に相談し合う仲のようです。

異質だから、最初はぶつかりすれ違う

ただし、彼らは最初から抜群のグループワークを見せたわけではありません。異なる個性だからこそ、お互いに理解しづらい部分も多く、最初はぶつかり合っていました。単なる職場の同僚という関係だったら、すれ違ったままだったかもしれません。

彼らががっちり一つに噛み合ったのは、会社の未来を創るプロジェクトに参加したからです。ゴールを達成するには、本気で取り組まなければなりません。「あいつのことが気に入らない」とは言っていられないのです。

このグループは、「すれ違い、ぶつかり合いを解消せねば」と気づき、相互理解のために自主的にミーティングや合宿を行うようになりました。コミュニケーションを重ね、少しずつ打ち解けていくにつれ、お互いのことを理解していきました。その頃から、グループ内に役割が自然と生まれ、それぞれが自分の強みを発揮できるようになったのです。

心理的安全性を築くには、まずは異質な個性の相手を理解する必要があります。お互いの違いを認めることからスタートするのです。ちなみに、同質グループと異質補完グループの議論の様子は、『本当のリーダーはどこにいる?』（ヒューマンサイエンス研究会編著、ダイヤモンド社、絶版）で紹介しています。

ここで、『宇宙兄弟』のムッタとビンセントに再び登場してもらいましょう。

彼らも互いに異なる個性のため、訓練を始めた当初は息が合わず、ムッタはビンセントの控えの任務から降ろされかねない瀬戸際にいました。

そのような状態から、214ページで紹介したような心理的安全性に至ったわけです。

2人はどのようにしてお互いの個性を理解していったのか、見ていきたいと思います。

FFS理論をもとに観察した、ムッタとビンセントの個性を押さえておきます。

ムッタは、いつも周りを気にかける面倒見の良さから「受容性」が高く、物事の仕組み化と着実な運用が得意なことから「保全性」が高いと推測できます。

ビンセントは、ムダを徹底的に嫌う合理的な思考から「弁別性」が高く、価値観が明確でブレない強さから「凝縮性」が高いと考えられます。

半年後の月ミッションを想定した訓練で、キャプコムを務めるムッタは、訓練に身が入らず初歩的なミスを犯してしまいます。同じ宇宙飛行士である弟のヒビトが、事故の後遺症のパニック障害を理由に現場から外され、姿を消したことを心配して、心ここにあらずの状態だったのです（59ページの場面の前の時点になります）。

ビンセントもそれに薄々気づいてはいましたが、厳格な合理主義者である彼は、それを言い訳にすることを許しません。ムッタに対して厳しく注意します。

……
はい…
判断を誤りました
こんな初歩的なミスは本来ありえません
シミュレーションだと思って甘く見すぎです
〝訓練は本番のつもりで〟
〝本番は訓練のつもりで〟
我々に必要なのはその姿勢です
君はこのシミュレーションを何のつもりでやっていたんですか
……
すみません……
気持ちが……
入ってなかったんだと思います

19巻　#186「日々人さん」

この状況に危機感を覚えたムッタは、キャプコムをやり遂げるためにはビンセントのことをもっと知る必要があると考え、彼を飲みに誘います。そして、思いがけず招かれた自宅で、ビンセントの妻のベリンダから、ビンセントとうまくやっていくためのヒントを得るのです（ここは『強み』で詳しく触れています）。

154ページでも解説しましたが、「受容性」の高い人と、「弁別性」の高い人は、異質ゆえに理解しにくい間柄です。

「受容性」の高い人は、相手の役に立ちたいと思い、役に立っている実感を求めます。一方、「弁別性」の高い人は、ムダなことを嫌うので、雑談もしなければ、表情も変えません。ムッタのように「受容性」の高い人からすると、ビンセントのような「弁別性」の高い人は何を考えているのか分からず、「自分が役に立てているのか不安」だとか、「自分はないがしろにされているのではないか」と感じてしまいます。

ベリンダもおそらく「受容性」の高い人でしょう。当初は戸惑ったようですが、「じーっと観察するうちに、ビンスが今何をしようとしているとか、何を欲しているとか、いろいろ先読みできるようになった」と言います。また、こんなふうにも話すのです。

「やる気がないような人には冷たくて　まるで見向きもしないけど……　ムッタさんは自分のやるべきことだけを存分にやればいいと思うわ　そういう人にビンスは気付くから」

ベリンダのアドバイスを受け、ムッタはビンセントの行動をよく観察することで、彼に対する適切なフォローができるようになっていきます。これは世話好きな「受容性」の高い人にとって、自分の強みを発揮しながら相手の役に立てる方法の一つです。

一方のビンセントも、ムッタとの間に理解し合える共通点を探そうとしていました。そして、宇宙に憧れを抱いた少年時代にとった行動に共通点を見つけ、ムッタの存在を身近に感じるようになっていきます。ビンセントは、これまであまり他人には話してこなかった幼馴染《なじ》みのことをムッタに打ち明けます。

19巻　#186「日々人さん」

新型のアルタイルに付けた〝RICK〟は
私とピコの幼馴《おさなな》染《じ》みの名です
彼は若くして事故死してしまいましたが……
私とピコをこの世界へ導いてくれました
チャプ
……
大事な……
親友だったんですね

……
ええ
彼はよく合言葉のように
こう言ってました
Vince《ビンス》の〝V〟はVictory《ヴィクトリー》(勝利)の〝V〟
Pico《ピコ》の〝P〟はPower《パワー》(力)の〝P〟
そして
Rick《リック》の〝R〟は——

20巻　#190「Rickの“R”」

心理的安全性があるから、成長できる

このあと、信頼できる相手としてビンセントに認められたムッタは、キャプコムの任務を立派に果たし、ビンセントが乗り込む「Ｒｉｃｋ」の月着陸を成功させます（11ページ）。

改めて、心理的安全性をＦＦＳ理論の観点から定義すると、こうなります。

個々の強みや持ち味は異なるが、互いに補完し合う関係が成立している（＝異質補完の関係）。頼りになる相手がいて、自分も相手に認められている。互いに信頼できる仲間であり、一つにまとまった組織として機能している状態。これが「心理的安全性」です。

繰り返しになりますが、心理的安全性は単に「仲がいいこと」ではありません。反論し合い、厳しく指摘し合う関係にこそ、存在するものです。

反論や指摘があるから、触発される。より良いアウトプットにつながる。あなたも成長できる。心理的安全性があるから、修羅場を仲間と共に乗り越えることができるのです。

具体的なぶつかるポイント・すれ違うポイント、乗り越えるコツは……そう、第２章から第６章で、部下と上司の関係性を通してご説明したとおりです。あなたを伸ばす部下（上司）は、異質補完を通してあなたに成長を促す力になってくれるのです。ただ、対応を間違えるとつぶす部下（上司）になってしまう可能性も高いので、そこはご注意を。

最新チーム「マクシム4」も異質補完の好編成

『宇宙兄弟』の最新チーム「マクシム4」は、ロシアの宇宙飛行士2人と、JAXAの飛行士アズマ、ヒビトの日ロ混成。月面に取り残されたムッタとフィリップを救うべく、NASA、JAXA、ロシアのロスコスモスが協力して月に向かいます。

ロシアの2人をFFS理論で診断してみると、まずフランツ・クラーキンは本人自ら「癒やし・スマイル担当」と言うくらいで、家庭も円満そのもの。「受容性」が高いタイプでしょう。マクシム・ウルマノフは表情に乏しく妙なこだわりも強そうで「凝縮性？」かと思わせますが、実はヒビトにきめ細やかに気を配り、サービス精神（というより悪戯《いたずら》ですが）豊か。「実質的なリーダーはアズマ」と認める柔軟さも持ち合わせている。受容性が第一因子で、拡散性と保全性が並んで第二因子ではないかと思います。「受容性」「拡散性」が高く、「弁別性」が低めのメンバーを、「保全性」がそれなりにあるマクシム、そして「凝縮性」「弁別性」が高いアズマがびしっとまとめます。アズマの表情の柔らかさが組み合わせの良さを思わせますね。

左からフランツ・クラーキン、アズマ、ヒビト、マクシム・ウルマノフ。出発前の縁起担ぎ、とのマクシムの悪ふざけに全員が乗って裸足で写真撮影に臨む羽目になったシーンです。ミッションが成功すれば「次回からのクルーもみんなここで裸足になるぞ」とアズマ。それにしても、世界は思わぬ方向に動きました。再び平和な気持ちでこのストーリーを味わえる時が、少しでも早く訪れるよう祈ります。

おわりに

コミック『宇宙兄弟』もいよいよ佳境ですね。

以下、作品のテーマに触れるネタバレとなりますが、あまりに心を揺さぶられたシーンがありましたので、ここでご紹介させていただきます。

月面で弟のヒビトや「マキシム4」と出会ったムッタが、心境を聞かれて「関わってきたたくさんの人たちに仲間以上の何かを感じていた　We are〝Space brothers〟（僕たちは〝宇宙兄弟〟です）」と語る場面です。

ムッタがいた「ジョーカーズ」、訓練で一緒だった仲間に、厳しい教官であったビンセントやムードメーカーの紫らが加わり、月に残されたムッタとフィリップを救うべく結成された「タイガーチーム」。他にも、子どもの頃から見守ってくれたＪＡＸＡの星加さんや、日本の宇宙開発企業に転職した福田さんなど、国や立場を超え、さらに個性の違う多様なメンバーがムッタとフィリップを救うため、様々なトラブルや困難を乗り越えて助けに来てくれた。そんな仲間たちに、兄弟と言いたくなるほどの関係性を感じたからこそのこの言葉でしょう。「最高の組織・チームづくり」を生業にしている私は、ムッタのこのコメントにジーンときました。

さて「最高のチーム」は、もちろんコミックの世界だけの話ではありません。チーム論の本も枚挙に暇《いとま》がないほど出版されているのはご存じのとおりです。しかし、どんな人にも通用するチームづくりのマニュアルはあり得ません。なぜかは、もうお分かりですね。同じことを聞いてもされても、5つの因子のバランスによって、受け止め方がそれぞれ違ってくるからです。その違いを知らずして、チーム論は成り立たない。私はそう思います。

あるヒット車を開発したチームのリーダーは「成功要因はモノづくりの前にチームづくりをしたことです」と言っていましたが、まさにそれです。最初から関係性を意識して編成することで、全員が「信頼できる相手からの要求に対して、自分の100%以上の力を発揮して応えようとする」体制ができあがり、ヒットにつながる。

根底に流れるのは、異質性を大事にして、補完し合い、成長を促そう、という考え方です。FFS理論に触れた方には、ぜひここに気づいてほしいと思っています。

「これまで、言うことを聞く人材ばかり登用していたようです。反発する人は遠ざけていた。結果的に同質化を招いてしまった。異質な人材は貴重なのだと、改めて理解しました」と言ってくださったのは、つい最近ご支援することになった、歴史ある中堅企業の役員の方。社内で影響力のある人が「異質は貴重な人材」と発言されたことで、組織を変えていく機運が芽生えたそうです。

人間は一人ひとりは小さな存在ですが、力を結集することで大きな仕事も成し遂げられます。ただ、お互いの違いを理解しないと、知らずしらずに傷つけ合い、チーム力を棄損してしまいます。まずは、自己を理解し、そして異質な人と仕事をすることで自分の枠から出て知見が広がり、視座が高くなります。FFS理論はそのためのツールです。本書を通じて、皆さんの強みが磨かれ、組織で活かされることが私の本望です。

最後になりましたが、たくさんの方々のご協力で、この書籍は完成いたしました。まさにチーム力の賜物《たまもの》です。

まず、FFS理論の開発者である小林惠智博士には数々の貴重なアドバイスをいただきました。ありがとうございました。

本書のネタ出しからご協力いただきました高島美幸さんにも感謝申しあげます。「宇宙兄弟シリーズ」として3作目で、ネタが枯渇しそうになったところを、コルクの皆さんのご協力のお陰で乗り切れました。ありがとうございました。

最後の最後に、編集を担当してくれた日経ＢＰの山中浩之さんとは計4作目のご縁となりました。ご多忙の中、何度となく対話を繰り返し、ＦＦＳ理論の本質を把握していただきました。また、凝縮性の高い私のこだわりを辛抱強く聞き入れていただき、本書に展開できました。本当に感謝いたします。

２０２４年12月

古野俊幸

宇宙兄弟とFFS理論が教えてくれる

あなたを伸ばす部下、つぶす部下

2025年1月27日　第1版第1刷発行

著者 ……………… 古野 俊幸
企画・編集協力 … コルク（佐渡島 庸平、小室 元気、橋本 欣宗）
発行者 …………… 松井 健
発行 ……………… 株式会社日経BP
発売 ……………… 株式会社日経BPマーケティング
〒105-8308 東京都港区虎ノ門4-3-12
デザイン・DTP …… 鈴木 大輔、仲條 世菜（ソウルデザイン）
校閲 ……………… 株式会社聚珍社
印刷・製本 ……… TOPPANクロレ株式会社
編集 ……………… 山中 浩之

本書籍に関するお問い合わせ、ご連絡は下記にて承ります。
https://nkbp.jp/booksQA
ISBN 978-4-296-20657-5　Printed in Japan